中国文化知识文库

中国古代皇家园林

徐潜/主编

张克 崔博华/副主编

张娜 武晓娟/编著

吉林出版集团 吉林文史出版社

图书在版编目（CIP）数据

中国古代皇家园林 / 徐潜主编 . —长春：吉林文史出版社，2013. 3（2025. 9重印）

ISBN 978-7-5472-1493-0

Ⅰ. ①中… Ⅱ. ①徐… Ⅲ. ①古典园林-中国-通俗读物 Ⅳ. ①K928. 73-49

中国版本图书馆 CIP 数据核字（2013）第 062895 号

中国古代皇家园林

ZHONGGUO GUDAI HUANGJIA YUANLIN

主　　编 徐　潜

副 主 编 张　克　崔博华

责任编辑 张雅婷

装帧设计 映象视觉

出版发行 吉林文史出版社有限责任公司

地　　址 长春市福祉大路 5788 号

印　　刷 唐山富达印务有限公司

版　　次 2013 年 3 月第 1 版

印　　次 2025 年 9 月第 5 次印刷

开　　本 720mm×1000mm　1/16

印　　张 9.25

字　　数 250 千

书　　号 ISBN 978-7-5472-1493-0

定　　价 68. 00 元

序　言

民族的复兴离不开文化的繁荣，文化的繁荣离不开对既有文化传统的继承和普及。这套《中国文化知识文库》就是基于对中国文化传统的继承和普及而策划的。我们想通过这套图书把具有悠久历史和灿烂辉煌的中国文化展示出来，让具有初中以上文化水平的读者能够全面深入地了解中国的历史和文化，为我们今天振兴民族文化，创新当代文明树立自信心和责任感。

其实，中国文化与世界其他各民族的文化一样，都是一个庞大而复杂的“综合体”，是一种长期积淀的文明结晶。就像手心和手背一样，我们今天想要的和不想要的都交融在一起。我们想通过这套书，把那些文化中的闪光点凸现出来，为今天的社会主义精神文明建设提供有价值的营养。做好对传统文化的扬弃是每一个发展中的民族首先要正视的一个课题，我们希望这套文库能在这方面有所作为。

在这套以知识点为话题的图书中，我们力争做到图文并茂，介绍全面，语言通俗，雅俗共赏。让它可读、可赏、可藏、可赠。吉林文史出版社做书的准则是“使人崇高，使人聪明”，这也是我们做这套书所遵循的。做得不足之处，也请读者批评指正。

编　者

2012 年 12 月

目　录

颐和园

颐和园位于北京市西北郊的海淀区，距北京城区 15 千米。是我国现存规模最大、保存最完整的皇家园林，该园以昆明湖、万寿山为基址，以杭州西湖风景为蓝本，汲取江南园林雅致清新的艺术手法和意境而建成的一座大型天然山水园林，也是目前保存得最完整的一座皇家行宫御苑，被誉为“皇家园林博物馆”。

一、探寻颐和园

颐和园位于北京西郊的西山脚下海淀一带，这里泉泽遍野，群峰叠翠，山光水色，风景如画。它是中国现存最完整、规模最大的皇家园林，堪称中国园林的极品，属于“三山五园”之一。作为中国古典园林的代表，在封建时代原本只有皇族才能享受的特权，如今，平民百姓可以随意参观。颐和园自向普通民众开放以来，每年都要接待数百万海内外游客造访。

游人陶醉于中国园林之博大精美，忘情其间。不管我们接受的文化是否相同，但同样都被这里的建筑所震撼。这就是颐和园建筑的魅力，中国人民的智慧令世人惊叹不已。

（一）皇家园林

北京西郊从11世纪起就开始营建皇家园林，到八百年后清朝结束时，园林总面积达到了1000多公顷，如此大面积的皇家园林世所罕见。中国的园林建筑历史悠久，在世界园林史上享有盛名，包括宏大的皇家园林和精巧的私家园林，将山水地形、花草树木、庭院、廊桥及楹联匾额等精巧布设，使得山石流水处处生情，意境无穷。

与欧洲庭院不同，中国园林以自然景观和观者的美好感受为主，更注重天人合一，将人工美与自然美融为一体，形成巧夺天工的奇异效果，在世界园林中自成一派。而御制钦造的颐和园更是吸收了中国各地园林的精华，汇漠北山川之雄浑与江南水乡之秀丽于一体，建筑风格兼皇家豪奢与民居精巧于一身，可谓中国古典园林的杰出典范。

最初，皇家园林只是帝宫后妃们的消闲避暑之处，政务、祭祀和生活

都在城内。清雍正帝继位后，园林开始有了离宫的味道，最后他干脆长期居住在西郊园林里，政务、读书、游乐等都一并在园林里处置，从此园林逐渐成为帝王政治和生活的中心。也因此，颐和园作为兼有宫和苑双重功能的宫殿才慢慢有了现在的规格和模式。

颐和园的前身乃为“三山五园”中的清漪园，始建于清乾隆年间（1750年）。颐和园是以杭州西湖风景为蓝本，汲取江南园林的某些设计手法和意境而建成的一座大型天然山水园，借景于周围的山水环境，既饱含着中国皇家园林的恢弘富丽气势，又充满自然之趣，高度体现了“虽由人作，宛自天开”的造园准则，被誉为皇家园林博物馆。

在世界古典园林中享有盛誉的颐和园，布局和谐，浑然一体，占地面积达290公顷，其中水面面积占了3/4。园中有景点建筑物百余座、大小院落20余处，3000余间古建筑，面积70000多平方米，古树名木1600余株。其中佛香阁、长廊、石舫、苏州街、十七孔桥、谐趣园、大戏台等都已成为家喻户晓的代表性建筑。

在高约60米的万寿山南麓的中轴线上，金碧辉煌的佛香阁、排云殿建筑群起自湖岸边的云辉玉宇牌楼，经排云门、二宫门、排云殿、德辉殿、佛香阁，终至山巅的智慧海，重廊复殿，层叠上升，气势磅礴。巍峨高耸的佛香阁八面三层，踞山面湖，统领全园。

蜿蜒曲折的西堤犹如一条翠绿的飘带，萦带南北，横绝天汉，堤上六桥，系仿西湖六堤而建，堤上修有六座造形优美的桥，各不相同，皆具美感。烟波浩渺的昆明湖清澈碧绿，景色宜人，为中国园林中最大的湖泊。湖的四周点缀着亭台廊桥，湖中十七孔桥如长虹偃月倒映水面，涵虚堂、藻鉴堂、治镜阁三座岛屿鼎足而立。三岛上也各有形式各异的古典建筑，烟波浩缈，小岛掩映于薄雾之中，独立于水面之上，让人心向往之。在昆明湖湖畔，还有著名的石舫、惟妙惟肖的铜牛、赏春观景的知春亭等景点建筑。沿昆明湖北岸横向而建的长廊，像一条彩带横跨于万寿山前，连接着东面前山建筑群。

柔桑拂面，豳风如画，乾隆皇帝曾在此阅看耕织活画，极具水乡村野情趣。与前湖一水相通的苏州街，酒幌临风，店肆熙攘，仿佛置身于两百多年前的皇家买卖街。位于颐和园东北角，万寿山东麓的谐趣园则曲水复廊，足谐其趣，具有浓重的江南园林特色，被誉为“园中之园”。

颐和园建筑融合了各地的精华，东部的宫殿区和生活区，是典型的北方四合院风格，一个个的封闭式院落由游廊联通；而南部的湖泊区则是典型杭州西湖风格，一道“苏堤”把湖泊一分为二，十足的江南格调；万寿山的北面，是典型的西藏喇嘛庙宇风格，有白塔和碉堡式建筑；北部的苏州街，店铺林立，水道纵通，又是典型的水乡风格。

颐和园成功地运用了“抑景”和“借景”的手法，以园外数十里西山群为背景，把玉泉山上的宝塔纳入全园画面之中。从园中西眺，山外有山，景外有景，层次分明，一望无际。既是人造，更似自然。可以说，颐和园汇集了中国古典建筑的精华，融汇了不同地区的园林风格，堪称园林建筑博物馆。

（二）诗情画意

颐和园不仅是历史文化的产物，同时也是中国传统思想文化的载体。这表现在园林厅堂的命名、匾额、楹联、书条石、雕刻、装饰，以及花木寓意、叠石寄情等，它们不仅是点缀园林的精美艺术品，同时储存了大量的历史、文化、思想和科学信息，其物质内容和精神内容都极为深广。其中有反映和传播儒、释、道等各家哲学观念、思想流派的；有宣扬人生哲理，陶冶高尚情操的；还有借助古典诗词文学，对园景进行点缀、生发、渲染的，使人于栖息游赏中，化景物为情思，获得精神满足。

颐和园是帝王的行宫和花园，兼有宫和苑的双重功能。如此美景，当然少不了众人的歌颂，多少文人雅士、皇帝贵族对她进行精心描绘，尽情挥洒笔墨。正因为这样，颐和园不仅是一个游玩的自然景区，更是承载深厚文化内涵的人文景观，

不仅有诗情，更具画意！

自辽金元三代以来，这里即成为皇家修建园林之地，如此历史悠久的美景胜地，当然会有很多的诗文，很多的故事。中国人在好景面前总是不吝惜才情地争相歌颂，寓情于景，景以诗显，为美景更添几分诗意，几许内涵。

历代好景建在这里，多少文人骚客曾以好诗好文争相描绘，亭台楼阁更是直接以诗文为名，诗言景，景以诗名，相得益彰。清代有个叫顾春的人，在一首词中写道："碧瓦指离宫，楼阁玲珑，遥看草色有无中，最是一年春好处，烟柳空蒙。湖水自流东，桥景垂虹。三山秀气为谁钟？武帝旌旗都不见，郁郁蟠龙。"即是对颐和园的精美描绘。

乾隆皇帝是一个有很高文学修养并热衷于追求风雅的皇帝，对此美景，当然是挥毫泼墨，是为御制诗。如《西海名之曰昆明湖而纪以诗》：

西海受水地，岁久颇泥淤。疏浚命将作，内帑出余储。乘冬农务暇，受值利贫夫。蒇事未两月，居然肖具区。春禽于以翔，夏潦于以潴。昨从淀池来，水围征泽虞。此诚近而便，可习饮飞徒。师古有前闻，赐命昆明湖。

岁辛未，喜值皇太后六旬初度大庆，敬祝南山之寿，兼资西竺之慈，因就瓮山建延寿寺而易今名，并志以诗：

选胜廓精蓝，延禧资释昙。山名扬万寿，峰势压千岚。宝网鸿祥集，璇池浩泽涵。载赓天保什，长愿祝如南。

再如《昆明湖泛舟》：

何处燕山最畅情，无双风月属昆明。侵肌水色夏无暑，快意天容雨正晴。倒影山当波底见，分流稻接垸边生。披襟清永饶真乐，不藉仙踪问石鲸。

《昆明湖上作》：

灵池虚受妥鱼龙，讵止鲸机溯汉踪。燕地波含滇海月，西山影写北高峰。名称取合原无定，佳处游多得未逢。新辟水田千顷绿，喜看惠泽利三农。

（以上写于乾隆十六年）

昆明湖南端绣漪桥以北的湖中，有一取名凤凰墩的小岛，史书记载："绣

漪桥北湖中园岛，上为凤凰墩”“渚墩学黄埠，上有凤凰楼。”西堤的景明楼，是模仿洞庭湖岳阳楼的“春和景明”风光而建的。西堤水岛，烟柳画桥。明代有个诗人文徵明在游昆明湖后，在诗中写道：“春湖落日水拖蓝，天影楼台上下涵。十里青山行画里，双飞百鸟似江南。”多么富于诗情画意！

新中国成立后，过去的皇家园林，回到了劳动人民的手中。古老的颐和园经过不断修缮，面貌焕然一新，现园中主要殿堂，均按清末原状开放，有“博物馆公园”之称，并已成为国内外游人，特别是北京市民游览和休息的场所。

二、品味颐和园

建筑是时代的一面镜子，它以独特的艺术语言反映出一个时代、一个民族的审美追求。建筑艺术在其发展过程中，不断显示出人类所创造的物质和精神文明，以其可观的巨大形象，具有四维空间和时代的流动性，讲究空间组合的节律感等，被誉为“凝固的音乐”“立体的画”“有形的诗”和“石头写成的史书”。

颐和园为世界上造景丰富、建筑集中、保存最完整的皇家园林，有众多的景点可以欣赏。绿柳成排，荷花飘香，湖水澄澈，游船穿梭，亭台楼榭、殿堂塔桥，掩映其间，万寿山上的建筑群宏伟高大、金碧辉煌，徜徉于颐和园内，我们只觉时间不够多，眼睛不够用，震慑于她的宏伟，惊奇于她的设计精巧，感慨于她的岁月沧桑……

（一）颐和园三区

颐和园主要由万寿山和昆明湖组成。园中主要景点大致分为三个区域：以庄重威严的仁寿殿为代表的政治活动区，是清朝末期慈禧与光绪处理内政、外交等政治活动的主要场所；以乐寿堂、玉澜堂、宜芸馆等庭院为代表的生活区，是慈禧、光绪及后妃居住的地方；以万寿山和昆明湖等组成的风景游览区和以长廊沿线、后山、西区组成的广大区域，是供帝后们澄怀明志、休闲娱乐的苑园游览区。

作为中国最后一个封建王朝最后修建的一处大型皇家园林，颐和园汇集了传统造园艺术的各种手法和形式，如有许多景点效法了江南园林的一些优点，谐趣园就是仿无锡寄畅园建造的，西堤是仿杭州西湖的苏堤。总之，颐和园在叠山理

水、花木配置、建筑布局、文物陈设、借景造景等方面，全面、典型地展示了中国古典造园艺术所达到的成就和境界。

（二）万寿山和昆明湖

万寿山，属燕山余脉，高约60米。建筑群依山而建，从山脚的“云辉玉宇”牌楼，经排云门、二宫门、排云殿、德辉殿、佛香阁，直至山顶的智慧海，形成了一条层层上升的中轴线。东侧有“转轮藏”和“万寿山昆明湖”石碑。前山以八面三层四重檐的佛香阁为中心，组成了巨大的主体建筑群，华丽雄伟，气势磅礴。西侧有五方阁和铜铸的宝云阁。后山有宏丽的西藏佛教建筑和屹立于绿树丛中的五彩琉璃多宝塔。山上还有景福阁、重翠亭、写秋轩、画中游等亭台楼阁，登临可俯瞰昆明湖上的景色。

昆明湖，位于万寿山南麓，约占全园面积的3/4，为中国园林中面积最大的湖泊。但它的水面却并不单调，反而充分利用了水面的空间，使之更具江南风情。昆明湖原本只是一个由泉水汇聚而成的湖泊，叫西海，面积还没有现在的一半大。到乾隆年间修建园林的时候，将这里进行了改造，扩湖、堆山，从而形成了今天的湖泊。

为何取名昆明湖？两千多年前的汉朝初年，以武略取得天下的一代帝王汉武帝听闻印度文化之恢弘深厚，为求得一缕佛香，遂遣使向南而来。在大理，被民风强悍的“昆明部落”所阻，出使团只能无功而返。

但此行最大的收获是意外地见到了碧波万顷、湖水四季清澈、渔歌清越婉转的昆明湖。回到长安，将士们将这里的奇境异事富于修饰地向汉武帝描述了一番。于是，汉武帝就派人在长安附近开凿了形似洱海的“昆明湖”，教习水战以备来年攻伐昆明。乾隆皇帝根据这个典故，将西海改为昆明湖，并效仿汉武帝在这里演习水师，这就是昆明湖名称的由来。

昆明湖是清代皇家诸园中最大的湖泊，湖中一道长堤——西堤，自西北逶迤向南。西堤及其支堤把湖面划分为三个大小不等的水域，每个水域各有一个

湖心岛。由于岛堤分隔，湖面富于层次，避免了单调和空疏。西堤以及堤上的六座桥是有意识地模仿杭州西湖的苏堤和苏堤六桥，使昆明湖益发神似西湖。西堤从北向南依次筑有界湖桥、豳风桥、玉带桥、镜桥、练桥、柳桥六座样式各异的桥亭。园外数里玉泉山的秀丽山形和山顶的玉峰塔影排闼而来，被收摄作为园景的组成部分。从昆明湖上和湖滨西望，园外之景和园内湖山浑然一体，这是中国园林中运用借景手法的杰出范例。湖岸和湖堤树绿荫浓，掩映潋滟水光，呈现一派富于江南情调的近湖远山的自然美。

（三）主要建筑

颐和园一共有五个门，分别是：如意门、北宫门、东宫门、新建宫门和南门，但我们一般都是从颐和园正门东宫门进入，这里聚集了最多的古建筑、最丰富的景点。

1. 政治活动区

以威严庄重的仁寿殿为代表的政治活动区，是清朝末期慈禧与光绪处理内政、外交政治活动的主要场所。在清朝末期，慈禧太后掌握着清朝的政治大权，这不仅是实际的掌权，在建筑的布局上也可以看出她的用心。

（1）东宫门

在东宫门外，有一座“涵虚罨秀”的牌楼。其中“涵虚”的意思是天地开阔、山清水秀、包罗万象，“罨秀”有捕捉美景之意。大门两侧蹲着两只铜狮子：公狮右爪踩球，象征着一统江山；母狮左爪扶幼狮，象征着母仪天下。而且我们在颐和园里面见到了世界上唯一一对“龙在下，凤在上”的雕塑，是慈禧太后掌握大权的象征。

东宫门是颐和园的正门。东门共有五个门孔，中间檐下挂着九龙金字大匾，上面的“颐和园”三个大字，为光绪皇帝的手迹，“颐

和”二字则取颐养精神、心情平和的意思。中间台阶上嵌砌的二龙戏珠，据说是从圆明园安佑宫的废墟上移来的，雕刻精美生动，是清乾隆年间的作品。

有人讲，只有慈禧太后的辇乘可以从东宫门的中路进入园内，其余的辇乘、轿子不能由正门进入。门外两侧的铜狮子是乾隆帝兴建清漪园时的遗物，造型别致，十分美观。

(2) 仁寿门

东宫门区即是颐和园的政治活动区，南侧对称排列着南北九卿房，是清朝九卿六部值班的地方。往前走，便来到了仁寿门，迎面会看到五块叫做“峰虚五老”的太湖石，寓意长寿。在汉白玉须弥座上的铜制怪兽，即我们说的麒麟，是龙九子之一，象征吉祥富贵。在殿前还陈设有两对龙凤造型的铜香炉，在朝觐活动中是用来点香渲染气氛的。按古代礼制，龙居中，象征皇帝；凤在两侧，象征皇后。而在这里，却是龙在两侧，这与清朝末年慈禧太后垂帘听政不无关系，突出了凤的地位。

(3) 仁寿殿

仁寿殿是皇帝会见大臣、接见外宾、处理政务的地方。在乾隆年间的时候，规定凡是当朝的大殿都要叫勤政殿，意思是游园不要忘了勤理政务。

仁寿殿采用了灰瓦卷棚顶，院中有山石松柏、假山古树，古朴葱郁，并建有花台，具有浓厚的园林气息。始建于1750年，1860年被英法联军烧毁，1890年重建时，更名为仁寿殿，取自孔子《论语》中的“仁者寿”，意思是施仁政的人可以长寿。

殿前放置着异兽狻猊。传说龙生九子，狻猊是九子之一，能辨忠奸善恶。这些兽龙头、鹿角、狮尾、牛蹄、全身鳞甲，并生有避火纹。狻猊原为一对，放在圆明园内，1860年被英法联军毁坏了一只。

作为政治活动区的主要代表建筑，仁寿殿内部的布置非常精美华贵，细小处也谨慎处理，不只代表着皇室的威严和面貌，更有着深层次的文化内涵和寓意。

现在，仁寿殿的陈设和原状是基本一致的。殿内的地平床上有九龙宝座。它后面还设有紫檀木九龙屏风，屏风以紫檀木为框架，雕有九条闹龙，中心是玻璃镜，镜面上写有 226 个不同写法的“寿”字。在宝座四周，还设有掌扇、角端等。其中角端是传说中的异兽，实际用处是香炉，用以渲染气氛。

而殿内两侧的暖阁，是慈禧和光绪还有王宫大臣休息的地方，当中有一幅“百蝠图”的缂丝工艺品，中间还有一个慈禧亲笔写的“寿”字，因为“蝠”与“福”同音，所以这幅工艺品也被称为“百福捧寿图”。插屏是清代乾隆年间制品，制作方法是用朱漆涂在楠木胎上，共涂漆 80 至 90 层，待漆晾干后再雕花纹，屏上镶有象牙和翡翠等珍品。镜框用红木雕刻而成，据说这面镜子是瑞典的赠品。桦木银狮是桦木树根经过加工雕刻成的一对狮子，形态生动逼真。插屏上所绘的是洞庭湖风景。它是用翠鸟的羽毛粘贴而成，这种羽毛永不褪色，虽然历时二百余年，但是颜色仍很鲜艳。

宝座也由紫檀木雕成，椅背由九条闹龙组成，是慈禧和光绪皇帝会见大臣时的座位。龙是皇帝的象征，数字九是个位数中最大之数，所以九龙代表着皇帝的至高无上。

在座位的后面，掌扇是宫廷陈设，上面缀饰孔雀翎羽，由宫女举着，是仪仗的一种，到清朝时则固定在座架上。角端是神话中的一种独角怪兽。传说它日行 18000 里，精通四方语言，所以常在君王左右。实际上这对景泰蓝制的角端，是一对熏香用的铜炉，腹中燃点香料，香烟从张大的口中吐出，既是装饰品，又美观实用。鹤灯为点蜡用的大烛台，共有 12 只，是造型精美的景泰蓝制品。九桃铜香炉是清代乾隆年间铸造的燃点檀香用的香炉，桃表寓意寿。

2. 生活区

（1）寿膳房

德和园东门外的寿膳房，是清朝慈禧太后的御膳房，有 8 所大四合院，100 多间房屋，占地 8000 多平方米，作为个人膳房其规模之大举世罕见。有关资料

记载，慈禧每天饭费是 60 两白银，当时可买大米 7000 斤。所以民间传说：“帝后一席饭，农民半年粮。”真是恰如其分。为慈禧炒菜、做茶食点心和做奶制食品的厨师共有 120 人。就以 1894 年为例，慈禧为了在颐和园内庆祝 60 岁生日，共花去白银 540 万两，还在南方织造了 10 万匹彩绸，光是在仁寿殿前支搭一座彩棚，就用了 17000 多匹，并从紫禁城的西华门到颐和园和东宫设置 60 个景点。由此可见，封建帝王的生活何等豪华奢侈、挥霍无度。

慈禧 70 岁生日时，大臣们进贡的礼品中有麻姑献寿人物一对，比真人还高大，是景泰蓝制品，在同类工艺品中，独一无二，现陈设在排云殿内。

（2）德和园大戏楼

穿过仁寿殿便是当年光绪皇帝和慈禧太后看戏的场所——德和园，取自《左传》：“君子听之以平其心，心平德和。”意思是听了美好的曲子，就会心地平和，达到道德高尚的境界。

据记载，清漪园也是乾隆和大臣们举行诗文酒会的地方，以地面的三层大戏楼最为著名，1860 年被英法联军烧毁，1897 年慈禧太后六十寿辰时在怡春堂遗址上改建的，共用白银 160 万两。

德和园的大戏楼是清代三大戏楼中最大的，它结构严谨，十分壮观，高 21 米，低台宽 17 米，分为三层，自上而下分别是福台、禄台和寿台。在寿台地板上还有一口深水井，四眼干土井，各层地板都可以开合。在开启时，天井和地井沟通，顶部有绞车牵引，可以使剧中的神仙鬼怪在舞台上上天入地，寿台下面的井还可以起到声音共鸣的作用，使演员声音更加洪亮，水井还可以用于表演龙口喷水等景观。除此之外，还设有扮戏楼，是供演员化妆用的。现在我们看到的展示戏装、陈设慈禧的奔驰车的地方就是当时的扮戏楼。在戏台的对面，是颐乐殿以及东西侧的廊子，这里就是当时帝后和王宫大臣们看戏的地方。殿内正中设有金漆珐琅百鸟朝凤宝座，是慈禧受贺时用的，凤为百鸟之王，把这个屏风放在颐乐殿，暗喻了慈禧太后的权威。当年王宫大臣看戏的廊房现在已

经开辟为颐和园文物展览室，东侧是慈禧太后的服饰以及生活用品，西侧则是制作精美的工艺品。

(3) 玉澜堂

玉澜堂是一组建筑别致、环境幽雅的四合院，出自晋代诗人陆机：“玉泉涌微澜”的诗句，这里是光绪皇帝来颐和园时居住的地方。维新变法失败以后，光绪皇帝被软禁在南海的瀛台岛上，每年慈禧来到颐和园，他也必须一同前来，住在玉澜堂。为了控制光绪的一举一动，慈禧太后命人在玉澜堂周围修筑了不少砖墙，门口还有太监把守，此时的玉澜堂好像一个与世隔绝的地方。现在，原来的砖墙已经大多拆除了，基本上恢复了以前的面貌，只有玉澜堂东西配殿内的砖墙仍然保持原来的样子，作为有关变法的遗迹供游人参观。

在玉澜堂殿内有乾隆时期制作的地平床、宝座、屏风、香几等等，东暖阁是光绪的早餐室，西暖阁是寝室，殿外东侧是书房，西侧是洗手间、浴室以及更衣的地方。殿内的御案是紫檀木框架，以沉香木为中心，做工十分精美。围屏是用两层玻璃合成的，上边既有中国山水画，也有西洋的风景画，颜料是用天然宝石研磨而成的，至今色彩依然十分艳丽。前层玻璃的背面画有前景和中景，后层玻璃的正面有中景和远景，两层之间相隔一段距离，立体感极强。而殿中“复殿留景”的匾额意思就是深宫中住着圣明之君。

在玉澜堂的后边就是宜芸馆，宜芸馆是适于藏书的地方。正殿是光绪的皇后隆裕居住的地方，西配殿曾是光绪宠妃珍妃的住所。在戊戌变法失败以后，慈禧命令隆裕皇后住到石丈亭北西四所的第一所，让珍妃住到第二所，从这以后，光绪皇帝想见到自己的后妃都很困难了。

(4) 乐寿堂与败家石

出了宜芸馆，就是乐寿堂了。“乐寿”出自《论语》中“智者乐，仁者寿”一句，意思是说，这里是仁者智者居住的地方。乐寿堂是生活区里的主要建筑，在乾隆年间，是乾隆母亲纽钴禄氏居住的地方；光绪年间，慈禧太后住在这里。通过了“水

木自亲”，也就是乐寿堂的正门，就进入了庭院。

在庭院中陈设了很多的物品：铜鹿、铜鹤、铜花瓶，分别借鹿、鹤、瓶的谐音，取意“六合太平”，意思是天下太平。园内还种植有玉兰、海棠、牡丹，取意“玉堂富贵”。中间有一大块太湖石，因为形状像灵芝，所以叫做青芝岫，我们更经常叫它“败家石”。

在乐寿堂殿内有以玻璃镜子为中心的紫檀木屏风，上边还镶嵌有贝雕饰物。镏金九桃大熏炉是用来焚烧檀香的，起到调节室内空气的作用。桌子上的两个青花大瓷盘是清代青花瓷的代表作，用来盛放水果，供慈禧观赏和闻香气。在殿内东西两侧还有百鸟朝凤、孔雀开屏两副坐屏，都是粤绣精品。殿顶悬挂的五彩玻璃吊灯，是1903年从德国进口的，它是我国早期的电灯之一，发电机安装在文昌阁附近。在慈禧太后吃点心和品茶的时候，还可以观赏鱼桌，它是以金星紫檀木为框架，镶有玻璃台面，桌子里边还镶嵌着用珍贵材料镂空雕琢的山水人物和亭台楼阁，密封性良好，可以养金鱼。殿内“慈晖懿祉”的匾额意思是：受母后之深恩，托母后之洪福。

（5）扬仁风和扇面殿

乐寿堂的西跨院叫“扬仁风”，殿名取《晋书·袁宏传》典故：袁宏出任东阳郡守时，谢安以扇赠行，袁答曰：“辄当奉扬仁风，慰彼黎庶。”意为将实施仁政以安抚百姓。此殿始建于乾隆年间，庭院内的建筑极具江南园林特色。在园内北面的正中山坡上，有扇面形状的“扇面殿”，殿前地面使用汉白玉砌成的扇骨、山轴，整座殿堂好像一把打开的折扇。

（6）长廊——世界上最长的廊

从扇面殿出来，就到了连接万寿山与昆明湖的长廊。它东起邀月门，西至石丈亭，全长728米，共273间。由于长廊的地基是随着万寿山地势高低而起

伏的，所以廊身的走向是随昆明湖北岸的弯曲而变化的，在地势高低和变向的连接点上，还建有四座亭子，代表春夏秋冬，分别是留佳、寄澜、秋水和清遥，设计十分巧妙。长廊是我国园林中最长的游廊，也有画廊之称，在廊中共有苏式彩绘 1.4 万多幅。所绘制的内容时间跨度非常大，从三皇五帝到清朝，上下五千年，可以称得上是我国文化史的一个缩影。

3. 祝寿庆典区

走出长廊，就来到了以排云殿为中心的祝寿庆典区，这里是万寿山前山最宏伟的一组建筑，它们构成了万寿山的中轴线。整个景区由两条垂直对称的轴线统领，东西轴线就是著名的长廊，南北轴线从长廊中部起始，依次为排云门、排云殿、德辉殿、佛香阁等。清代乾隆年间用巨石垒起的佛香阁是全园的中心，也是全园中最高大的建筑物。

（1）佛香阁

佛香阁是全园建筑的中心，台基 20 米，高 41 米，结构为 8 面 3 层 4 重檐，建于乾隆二十三年（1758 年），在光绪十七年的时候重建，耗费了银两 78 万多两，是颐和园中花费最多的工程。阁内有 8 根铁梨木大柱子直贯到顶。

“佛香”二字源于佛教对佛的歌颂，佛香阁艺术水准非常高。阁内供奉有铜铸金裹千手观世音菩萨站像，此地为慈禧念佛吃斋的地方。佛香阁不仅是颐和园的标志，而且是中国古代建筑中的精品之一，有很高的建筑艺术价值。

（2）排云殿

排云殿建在乾隆年间大报恩延寿寺中大雄宝殿的遗址上，是慈禧太后过生日时接受百官朝贺的地方。“排云”一词出自晋代诗人郭璞的“神仙排云出，但见金银台”。在殿内，除了宝座、屏风等常规陈设以外，还有一些渲染气氛的特殊陈设，比如用台湾乌木雕刻的屏风、沉香木雕刻的寿字、圆镜插屏、金漆梅花树船和桦木根雕群仙祝寿。在祝寿的时候，二品以上的官员跪拜在排

云门内，而三品以下者则在门外，光绪皇帝在二宫门正中跪拜，慈禧则坐在正殿内的九龙宝座上接受拜贺，可见慈禧太后当时地位之高。

殿内陈列的各种盆景、文物，大都是慈禧70岁生日时大臣们所送的贡品；殿内的大幅慈禧油画像，是1905年慈禧71岁时由美国人卡尔女士画的。

沿殿两边斜线上行，穿德辉殿，路两

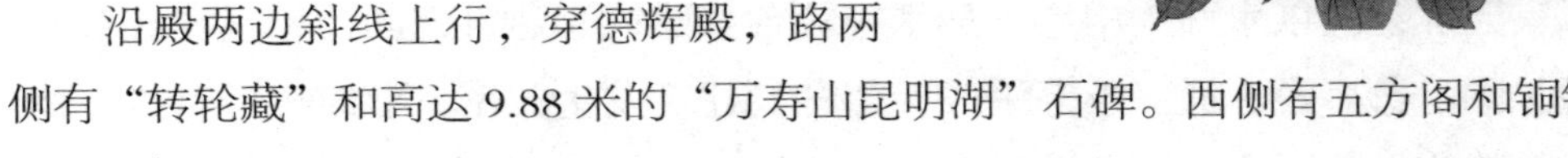

侧有“转轮藏”和高达9.88米的“万寿山昆明湖”石碑。西侧有五方阁和铜铸的宝云阁。

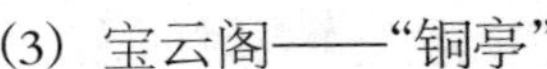

(3) 宝云阁——“铜亭”

宝云阁又名“铜亭”，坐落在一个汉白玉雕砌的须弥座上，外观像木结构，由207吨黄铜打造，通体是蟹青冷古铜色，造型优美，是世界上少有的珍品。铜桌安置在“宝云阁”内，铸造于1755年，共用414000斤铜。据档案记载，铸造后，为了磨光表面，仅挫下的铜屑，就多达5000斤，可见工程规模之大。

(4) 智慧海——无梁殿

佛香阁之上，便是万寿山之顶。正中有一座琉璃阁，为颐和园海拔最高的建筑——“智慧海”。该建筑建于乾隆年间，用琉璃砖瓦和石料所建，名称来自《无量寿经》：“如来智慧海，身府无崖底。”意思是如来佛智慧如海，佛法无边。智慧海是最独特的建筑，内部结构以纵横交错的木梁支撑顶部，未使用一梁一柱，为名副其实的“无梁殿”。这里两层无梁殿，原来供奉有无量寿佛，外壁上还嵌着1008尊小佛，1860年英法联军入侵的时候，殿堂虽然没有被烧毁，但是这些佛像却遭到了破坏。在这里俯瞰整个昆明湖，视野开阔，附近的西山、玉泉山，前方的北京市区都能清晰可见，为鸟瞰颐和园全景的最佳地点。

4. 后湖景区

颐和园最北部的后山叫后湖景区，虽然建筑较少，但林木郁郁葱葱，山路曲折，优美恬静的氛围和前山的恢弘华丽形成鲜明对比。

后山后湖俗称苏州河，有具有江南特色的苏州街和西藏建筑，对比强烈，却又各显妙趣。颐和园里有许多景点效法了江南园林的风格，如谐趣园就是仿

无锡寄畅园建造的。后山的东端，有眺远斋和被称为“园中之园”的谐趣园。

谐趣园原名惠山园，是模仿无锡寄畅园而建成的最富盛名的一座园中园。全园以水面为中心，以水景为主体，环池布置清朴雅洁的厅、堂、楼、榭、亭、轩等建筑，曲廊连接，间植垂柳修竹。池北岸叠石为假山，从后湖引来活水经玉琴峡沿山石叠落而下注于池中。流水叮咚，以声入景，更增加这座小园林的诗情画意。

谐趣园始建于乾隆时期，后经嘉庆皇帝改建，咸丰十年毁于兵火，光绪年间重建。今日所见，规模大抵同于嘉庆时，为典型的江南私家园林风格。江南私家园林往往以水面为中心，环水布置各式建筑。建筑之间，相互构成对景。通过隔、透、隐、通、连等手段，使各式建筑发生关系，形成一个有机整体。这些建筑之中，体量规模相互陪衬，必有一座点睛的主体建筑。嘉庆年间所建涵远堂即是谐趣园之主脑。现在谐趣园北部主脑之涵远堂为当时所无，当时园内建筑密度较稀，有通透疏朗之气象，园内回廊则为光绪时所添。

谐趣园北部墙角有一长片假山，材料多为名贵的太湖石，叠石亦有技巧，能得地势之利，与园内整体气氛颇融洽，这大概是北京城最名贵精致的叠石假山了。当年乾隆皇帝酷爱苏州狮子林假山，对于惠山园叠石，一定是要求极高。惠山园规模不大，以乾隆时期工程速度，何以要建三年之久，原因大概就在这

一片叠石吧。太湖石在乾隆年间已不易得到，筹集如此规模的太湖石绝非易事，况且假山叠石造型体量又是如此之大。谐趣园门口，万寿山东麓向南、向北之山径，护坡石亦皆用太湖石，且叠石亦颇讲究。可以想见当年工程之不易。

清代光绪时重建谐趣园，园内共有亭、台、堂、榭13处，并用百间游廊和五座形式不同的桥相沟通。所有建筑都围绕中间的水池展开，循廊前进，一步一景。园内西北角有一人造山泉，引来后湖的水，流水潺潺，从绿竹中流出。这种小桥流水的景致，再现了江南园林的特色。园内主体建筑涵远堂，是慈禧太后在谐趣园内的偏殿，供游览时休息之用。

三、风雨颐和园

颐和园，一个让人们可以联想到慈禧太后的皇家园林，人们津津乐道于慈禧的奢侈和糜烂，她挪用海军军费来修建她的消夏度假、颐养天年之宫苑，使得中国的军事力量在强大的西方国家面前更显得是以卵击石，把清政府的最后没落也归功于她，至少她是将骆驼压死的最后一根稻草。

（一）由古至今

1. 乾隆——颐和园真正的始创者

颐和园这座庞大的皇家园林，不可能只是一个朝廷、甚至是一个人可以兴建的，所以把它看成是慈禧太后奢侈浪费的罪证不太恰当。它实际上经过了好几代皇帝的营建有了今天这样的规模的。其实，乾隆皇帝才是颐和园的始创者！

据史料记载，清代乾隆十五年三月十三日（1750 年 4 月 19 日），乾隆皇帝为迎接其生母崇庆皇太后于次年到来的六十岁大寿，决定在好山园旧址挖湖堆山、大兴土木，营建清漪园。乾隆将瓮山更名为“万寿山”，在山前建造了为母祈福祝寿的“大报恩延寿寺”。又将瓮山泊更名为“昆明湖”，取汉武帝在长安开挖“昆明池”，以操练水军、策划攻掠滇池之滨的昆明之典。全园改称清漪园。至此，北京历史上的“三山五园”皇家园林区正式形成了。

与当时南方多为私人所有、讲究小巧雅致的江南园林相比，三山

五园在整体建筑风格上更注重宏大辉煌，处处显示出雍容华贵的皇家气派，但颐和园却既有皇家气派，也有小家碧玉的秀气。

2. 百年风雨，百年发展

乾隆在此兴建了皇家园林——清漪园，在乾隆继位之前，在北京的西北郊一带，已由东向西建起了圆明园、畅春园、静明园、静宜园四座大型皇家园林，这四座园林自成体系，相互间缺乏有机的联系，中间的“瓮山泊”成了一片空旷地带，乾隆决定在瓮山一带动用巨额银两兴建清漪园，在这一山一湖的基础上建造一座新的园林，以此为中心把两边的四个园子连成一体，于是形成了从今清华园到香山长达二十公里的皇家园林区。

早在辽金元三代，皇帝们就已经看中这块得天独厚的地方，开始在这处有山有水的佳境修建皇家园林了。在有关颐和园的史料中，我们见到了这样的记载：金朝时（1115-1234 年），海陵王完颜亮于 1153 年迁都燕京（今北京）后，就曾在这里兴建了“金山行宫”，为北京西山八院之一。到了元朝（1271-1368 年）金山更名为瓮山。传说早年有一位老人，曾在山上掘出一个装满宝物的石瓮，因此得名。瓮山的前方，原有一片由泉水汇聚成的湖泊，称瓮山泊。元代著名水利家郭守敬，主持开发了西山一带的水源，引昌平神山泉水及沿途流水注入湖中，并将瓮山泊的水引到城内，对当时北京城内的用水和沟通城内与郊外的水上交通起过一定的作用。

明代时又在湖边建立了许多寺院和亭台。其中，以明弘治七年（1494 年）所建的“圆静寺”最为著名。后来皇家又在这里建了好山园。到了万历十六年（1588 年），这里已经具有一定的园林规模，享有“十里青山行画里，双飞白鸟似江南”的称誉。1644 年清廷定都北京后，将好山园更名为“瓮山行宫”。

然而让这里真正成为一处皇家园林是在清代。康熙年间就曾在此修建行宫，到了乾隆十四年到二十九年（1749-1764 年），该园的规模已达到鼎盛时期，乾隆帝为了给母亲祝寿，就在原来的基础上扩湖、堆山修建了清漪园，并将疏浚

后的西湖（即金代瓮山泊）改名为昆明湖。

3. 改为今名“颐和园”

光绪十二年六月初十日（1886 年 7 月 1 日），垂帘听政的慈禧太后宣布，将于次年正月“撤帘”，由年将 16 岁的光绪皇帝亲政。慈禧乘机提出，要重建清漪园，以作为自己“离退休养”的场所。两年后，光绪皇帝将重建中的清漪园更名为“颐和园”。他说，“朕自冲龄入承大统，仰蒙慈禧皇太后垂帘听政十有余年，万几余暇，不克稍资颐养……”将清漪园旧名，改为颐和园。“颐和”一词，即是供慈禧“颐养天和”之意。

4. 两毁两建

从 19 世纪开始，清政府逐步走向了衰亡的道路，而西方资本主义国家却正在蓬勃发展，进入扩张时代，到处进行侵略扩张，加上神秘的东方在他们的想象中是个遍布黄金珠宝之地，于是争先恐后地把目光瞄向了中国，抢着要来瓜分。

颐和园是清代四处皇家园林中最后一个建成的，但它恢弘的气势、精美的建筑、浓厚的文化内涵，使得它成为著名的三山五园之一。和我国古代的大多数皇家建筑一样，它没能躲过入侵者的践踏，颐和园作为一处皇家园林，不可避免地成了侵略者眼中的肥肉。在咸丰十年（1860 年）第二次鸦片战争中，英法联军疯狂抢劫并焚烧了园内大部分建筑，除宝云阁（俗称“铜亭”）、智慧海、多宝琉璃塔幸存外，珍宝被洗劫一空，建筑夷为一片废墟。光绪十二年（1886 年），清政府挪用海军军费等款项 3000 万两白银在清漪园的废墟上重建新园，并于两年后改名为颐和园，作为慈禧太后晚年的颐养之地。工程延续了将近十年，直至 1895 年才基本结束。从此，颐和园成为晚清最高统治者在紫禁城之外最重要的政治和外交中心，是中国近代历史的重要见证与诸多重大历史事件的发生地。1898 年，光绪帝曾在颐和园仁寿

殿接见维新思想家康有为，询问变法事宜；变法失败后，光绪曾被长期幽禁在园中的玉澜堂。

光绪二十六年（1900年），八国联军侵入北京，颐和园再遭洗劫，后慈禧又动用巨款重新修复。1902年清政府又予以重修；清朝末年，颐和园成为中国最高统治者的主要居住地，慈禧和光绪在这里临朝听政、颁发谕旨、接见外宾……

颐和园是中国近代历史的见证，同时也是中国文化和文明的有力象征。数百年来，这里一直是封建帝王、皇室的享乐之地，解放后辟为公园。1961年国务院公布颐和园为全国重点文物保护单位。1998年12月2日，颐和园以其丰厚的历史文化积淀、优美的自然环境景观、卓越的保护管理工作被联合国教科文组织列入《世界遗产名录》。

世界遗产委员会对颐和园的评价是：

1. 颐和园是对中国风景园林造园艺术的一种杰出的展现，将人造景观与自然和谐地融为一体。

2. 颐和园是中国造园思想和实践的集中体现，而这种思想和实践对整个东方园林艺术文化形式的发展起了关键性的作用。

3. 以颐和园为代表的中国皇家园林，是世界几大文明之一的有力象征。

（二）颐和园故事

颐和园拥有几百年的历史，作为清代皇帝的居住游乐之所，它从最初的清漪园发展到如今的规模，其中发生的故事当然很多，也正是这些或真或假的故事为颐和园的骨架添上了丰满的血肉，使得它不仅仅是凝固的建筑，更有鲜活

的生命、栩栩如生的面貌，就让我们从这串串珍珠中撷取一二吧。

1. 长廊

长廊循万寿山南麓沿昆明湖北岸构筑，始建于清乾隆十五年（1750年），1860年被英法联军焚毁后，于1888年又重新建造。颐和园长廊全长728米，以四根柱子为一间，共273间，是世界上最长的长廊。长廊东起邀月门，取自李白的诗句“举杯邀明月，对影成三人”；西至石丈亭，中间穿过排云门，两侧对称点缀着留佳、寄澜、秋水、清遥四座重檐八角攒尖亭，象征春夏秋冬四季。

长廊上绘14000多幅彩画，又有“画廊”之称。其中有关西湖风光的546幅，是乾隆十五年建造长廊时，命人到杭州临摹回来画上的。长廊人物画多采用我国古典文学名著，比如《西游记》《三国演义》《红楼梦》等等，所设计的内容时间跨度非常大，从三皇五帝到清朝，上下五千年，可以称得上是我国文化史的一个缩影。长廊彩绘属于“苏式彩画”，是中国木结构建筑上的装饰艺术。它的特点是：主要画面被括在大半圆的括线内（称为“包袱”）；无固定结构，全凭画工发挥，同一题材可创作出不尽相同的画面。长廊彩画题材广泛，山林、花鸟、景物、人物均有入画。

在1990年，颐和园长廊被《吉尼斯世界纪录大全》评为全球画廊之冠。

传说，颐和园修建好以后，慈禧每年都有一大半的时间要在这里“颐养天年”。开始的时候，慈禧很是喜欢颐和园的江南景色，然而时间一长，就什么都不觉得新鲜了。慈禧心想：一眼望去山水全在眼前，四季不变，真是没意思，如果在湖边建造点儿什么，让我走一步就看一个景色该多好。

一日，心情烦闷的慈禧又要出去散步，王公大臣们忙顺从并伴其左右，当一行人走到万寿山下的南坡时，下起了雨，太监李莲英慌忙上前撑起雨伞。没想到，此时慈禧的脸竟由阴转晴了，李莲英正在纳闷，慈禧说话了：“雨伞真好，不仅可以遮风挡雨，还让我看到了另外一番景致。”众人不解。

回到寝宫后，慈禧立即召见了工匠，将自己的想法告诉了他。不久，在万寿山的南坡与昆明湖之间出现了一条长长的走廊。

慈禧太后的奇想，成就了一座美丽的长廊，让我们追随历史，漫步在幽美的长廊里。

也许又是一则故事，但是这个长廊确实给了我们一步一景的惊奇与赞叹！

且不说廊上一万四千余幅苏式彩绘，令人交口称赞，是园中珍贵的艺术品；只说建造者的智慧，使你在这 728 米的长廊中游览时，竟然感觉不出它的起伏和曲折，就使人惊叹连连了。奥妙在于长廊中间的 4 座八角亭起到了高低过渡和变向联结点的作用。同时利用左右景观转移了你的视觉观感。其实，长廊也是随坡就弯而建，如彩带一般，把前山各景点紧紧连接起来，又以排云殿为中心，自然而然把风景点分为东西两部分。廊中夹亭，这些亭轩既有点景作用，又有倚衬和支撑长廊的妙用。

2. 败家石

在颐和园乐寿堂院内，有一块横卧在汉白玉石座上的北太湖石，名叫青芝岫，俗称“败家石”。每天都有不少人在此石前停步细观，兴致勃勃，侃侃而谈。

这块轰动京城的巨石产自京郊房山群峰之中，四百多年前，被明朝一位太仆米万钟发现。米氏是宋代米芾后裔，爱石成癖，自称“石隐”，取号“友石”。他多才多艺，诗、书、绘画都有很深的造诣，尤其喜欢奇山异石，米万钟亦善画石，有多种画石本传世。

米万钟为寻求园林置石，不辞辛苦踏遍郊野群山。一日在房山群山中偶尔发现一块巨石，突兀凌空，昂首俯卧，米氏当即爬上石头顶礼膜拜、赞叹不止，拟将此石置于他的花园——勺园（现北京大学西侧），“以石取胜”装点勺园，并借此在觅石成风的亲朋中炫耀一番。为此他不惜财力，雇用百余人，先开山

铺路，分段引水，掘水井，待严冬泼水为冰，用四十四马拉石滑行运输。朝中不少大臣、官员和文人去良乡观赏这块以“大、奇、灵、秀、玲珑嵌空，窍穴千百”为特色的园林佳品，并认为它可以与宋代名石相媲美。当时轰动京都，大大超过了皇家御苑的置石品位，也惊动了魏忠贤私党。米万钟对奸臣当政者不屈不谀，无奈难以摆脱魏忠贤的陷害，由该私党五虎之一倪文焕编造罪状，米万钟遭受诬陷，获罪丢官。

轰动京都的灵秀巨石从此搁置良乡。米万钟唯恐说出真情将会惹出更大祸害，就托言说因运石而力竭财尽。此后人们越传越神奇，遂将此石称为“败家石”。

百年之后，清乾隆皇帝去河北易县西陵为父亲雍正扫墓，路过良乡时，太监禀报米万钟觅石获罪等细节，乾隆大感兴趣，御驾亲往，见石姿不凡，大喜过望，即降旨将其移进清漪园内。当时乐寿堂的正门“水木自亲”已经修好，门只有一米多宽，米氏遗石身大体重，难以进院。乾隆下令拆墙破门，硬是把这块巨石安放在现在的地方，在它左右又树起了两块形状别致的太湖石，以烘托气氛。据说皇太后因此大为不悦，认为此石“即败米家，又破我门，其名不祥”，母子之间闹了一场不小的别扭，由此可知此石身世确实不凡。

乾隆把此石置在乐寿堂后，经常观望欣赏，并根据此石的形状和润色，同

时也考虑到母亲的讳忌，给此石起名“青芝岫”，取意石岩突兀如青芝出岫，并将三个字刻在石头上。

青芝岫长 8 米，宽 2 米，高 4 米，重约二十几吨。由于多年风化，现在“青”字已脱落，“芝岫”二字还清晰可辨。乾隆的《青芝岫诗》也还残留于石上，东侧的“莲秀”，西侧的“王英”均清楚可见。为了迎合乾隆的兴趣，一批大臣也在石头上题诗助兴，使此石有别于它处之石。

四、谜样颐和园

中国人喜欢吉祥祝福的话语，皇家更是为吉利的寓意而大费苦心，乾隆皇帝为庆祝母亲的大寿而建的颐和园，当然更是处处以有美好寓意的要求来设计。

（一）福禄寿之谜

重建颐和园，是为了给慈禧太后祝寿，皇帝要求颐和园的设计必须体现“福、禄、寿”的寓意。过去人们确实在很多建筑、摆设上看到了“福、禄、寿”的体现。那么，颐和园的设计者是如何巧妙地体现出这个要求的呢？

从卫星照片上我们可以清楚地看到，昆明湖霎时变成了一个寿桃，万寿山忽然展翅成了一只蝙蝠，连十七孔桥也成了一只长长的龟颈。这些精妙的设计到底是古人有意建造还是种巧合？发现者和建筑世家“样式雷”的后代为此作了研究考证。

为了体现皇帝要求的“福、禄、寿”，雷家第七代传人雷廷昌，即颐和园的设计者，他巧用心思，出色地完成了皇上交代的任务。他设计了一个人工湖，将它挖成寿桃形状，在平地上看不出它的全貌，但从万寿山上登高远眺，呈现在眼前的就是一个大寿桃了。而十七孔桥连着的湖中小岛则设计成龟状，十七孔桥为龟颈，寓意长寿。至于“福”字，雷廷昌将万寿山佛香阁两侧的建筑设计成蝙蝠两翼的形状，整体看来成了一只蝙蝠，蝠谐音“福”，寓意多福。

从今天拍摄的照片中可以看到，昆明湖确实酷似一只寿桃，寿桃的“歪嘴”偏向东南方向的长河闸口；寿桃的梗蒂，是

颐和园西北角西宫门外的引水河道。最为称奇的是，斜贯湖面的狭长的西堤，构成了桃体上的沟痕。而万寿山下濒临昆明湖北岸的轮廓线，则恰似一只蝙蝠，振翅欲飞；昆明湖北岸的轮廓线，明显地呈一个弓形，弓形探入湖面的部分，形成蝙蝠的头部；弧顶正中凸出的排云门游船码头，像是蝙蝠的嘴；向左右伸展的长廊，恰似蝙蝠张开的双翼；东段长廊探入水面的对鸥舫和西段长廊探入水面的渔藻轩，适成蝙蝠的两只前爪，而万寿山及山后的后湖，则共同构成了蝙蝠的身躯。

“这张照片必须倒着看，因为当时在设计这个图形时，慈禧只有登临万寿山峰顶的佛香阁，才能看到寿桃的一个大概轮廓。由于视线被其他建筑物遮挡，她站在万寿山上时，蝙蝠的设计也只能看到脑袋和两只爪子，而不能看到蝙蝠的整个形状。” （夔中羽）

今天，通过遥感卫星照片，所有人都能清楚地看到古代建筑中隐藏的奥秘。“其实，在颐和园的三个大门内都悬挂着这张照片，但从来没人想要倒过来欣赏一下。”夔中羽调侃的语气中带着一份惊喜。

（二）雷家家族传说

当年，颐和园工程由清代著名宫廷设计师“样式雷”的第七代传人雷廷昌主持，他复建了昆明湖北岸的长廊，在大报恩延寿寺的基址上建造了园中正殿排云殿，在石舫上重建了二层舱楼，在被焚毁的“八方阁”台座上营造了佛香阁。看起来，巧妙的设计似乎有一定的道理。但寿桃、蝙蝠之谜，是不是古人有意为之还不能过早下定论，必须找到有力的证据。但到目前为止，颐和园里的几个碑文中，都没有提及，现在剩下的唯一线索就是找到设计师家族后代。

雷家考证："桃山水泊，仙蝠捧寿"，虽有传说，但直接证据还有待进一步寻找。相传在清代乾隆年间，皇帝为其母皇太后庆祝六十大寿，要求重新修建园林，命雷廷昌负责修建。但皇上要求在园子里体现"福、禄、寿"三个字，要设计出让皇上满意的效果图可不是那么简单，他正在为设计形状发愁时，一位老者突然造访。

好客的雷家邀请老者住了一宿，当老者次日离开时，从兜里拿出一个寿桃，放在了桌子上。这时候，突然有只蝙蝠恰好落在寿桃旁边，在桌子周围上下飞翔，这样一个不经意的举动，引起了雷廷昌的思考。雷廷昌一拍脑门，回屋铺开图纸，写下"桃山水泊，仙蝠捧寿"八个字，就把昆明湖设计成了一个寿桃形状，将万寿山设计成了一只蝙蝠。

当然，这只是一个有趣的传说。

其实，巧妙的营造山水系、设置亭台楼阁，使之蕴涵某种吉祥寓意，是古代园林建设中常用的手法。例如恭王府花园"萃锦园"中，就建有平面呈蝙蝠状的殿堂，称为"福殿"。园中还有一座蝙蝠形的水池，称之为"福河"。在圆明园遗址公园中，长春园西洋楼"方外观"废墟的前方，尚完整保留着两座用石块砌筑的平面呈桃状的水池。虽然能够证明颐和园"福山寿海"的直接证据暂时还没找到，但这正是古人创造力在建筑设计中的巧妙体现。

（三）样式雷

"样式雷"，是对清代二百多年间主持皇家建筑设计的雷姓世家的誉称。中国清代宫廷建筑匠师家族：雷发达、雷金玉、雷家玺、雷家玮、雷家瑞、雷廷昌等。

对普通人来说，“样式雷”这一陌生的名词到底寓示着什么？清朝皇家建筑的最高设计建造机构称为样式房，康熙后二百年间，一个雷姓家族共八代十一人先后在样式房主持皇家建筑设计，几乎所有的皇家建筑和大型建筑都要经过他们的审核设计，这样的家族被称为“样式雷”，是对他们贡献的绝高赞誉。

“样式雷”的名下，是一个极其庞杂的建筑体系。更为重要的是，这个家族是个全方位的能手，大到皇帝的宫殿、京城的城门，小到房间里的一扇屏风、堂前的一块石碑，都设计得特别精妙，形成了他们独特的建造模式，他们是一个非常正规而系统化的家族设计师。

1.“样式雷”家族的发轫、发展与没落

雷氏家族起于17世纪末年，南方匠人雷发达来北京参加营造宫殿的工作。因为技术高超，他很快就被提升担任设计工作，从他起直到清朝末年，主要的皇室建筑如宫殿、皇陵、圆明园、颐和园等都是雷氏负责设计兴建的，这个世袭的建筑师家族被称为“样式雷”。

“样式雷”祖籍江西永修，从第一代“样式雷”雷发达于康熙年间由江宁来到北京，到第七代“样式雷”雷廷昌在光绪末年逝世，因为雷家几代都是清廷样式房的掌案头目人（即今天的首席建筑设计师），即被世人尊称为“样式雷”，也被称为“样子雷”。

雷发达在很长时间内被认为是“样式雷”的鼻祖。但其实在“样式雷”家族中，声誉最好、名气最大、最受朝廷赏识的应是第二代雷金玉。他因修建圆明园而开始执掌样式房的工作，是雷家第一位任此职务的人。

雷家第二代雷金玉和父亲一道参加了皇家工程的营造。雷发达退役后，雷金玉很快脱颖而出。当时，正逢康熙帝着手营造清代第一座皇家园林畅春园，

雷金玉接替父亲“领楠木作工程”，随即“因正殿上梁，得蒙皇恩召见奏对，蒙钦赐内务府总理钦工处掌班，赏七品官，食七品俸”。

在经历了康熙盛世众多重大的皇家建筑营造活动后，雷金玉又在雍正初年圆明园等建设中，凭借炉火纯青的建筑技艺，赢得了雍正的赏识，并在他七十大寿时，得赐“古稀”二字匾额。雍正七年（1729 年）末，雷金玉寿终，雍正除恩赏金银外，还下旨令皇家驿站沿途照料运送灵柩返回南京安葬。

乾隆仿效祖父康熙的举措，六下江南，不仅修建了大量行宫，而且对江南园林情有独钟的他要将精巧别致的江南园林移植到皇城内外。于是就有了扩建圆明园和营造清漪园的设想。“样式雷”的第四代传人雷家玮、雷家玺和雷家瑞，在乾隆与嘉庆年间将祖业继续发扬光大。

在三兄弟中，雷家玺又堪称佼佼者，他不仅设计了万寿山、玉泉山、香山、热河避暑山庄、昌陵和圆明园东路等皇家工程，还在乾隆八十大寿时承办了灯彩与焰火，并设计建造了圆明园中的同乐园大戏台。

雷景修的长子雷思起出生于道光六年（1826 年），从小在父亲那里接受严格训练，谙熟皇家营造工程的每一个环节，从建筑设计、施工技术到组织管理，从会计业务到工程地质、生态乃至风水都十分精通。他曾随父亲参与昌西陵、慕东陵等工程，之后又主持了定陵、定东陵、惠陵和西苑及许多王公、贵族的府邸、园林、陵寝的设计。

第七代传人雷廷昌在众多皇家工程中经受历练，顺利接过样式房掌班的重任，主持重建了天坛祈年殿、紫禁城太和门以及慈禧太后万寿庆典的点景楼台等。他因惠陵金券合拢和隆恩殿上梁有功被朝廷赐为二品，样式雷家族的荣耀至此达到了巅峰。

光绪二十三年（1897 年），慈禧太后再度启动圆明园重修工程时，雷廷昌的长子、未满二十岁的雷献彩，担任起圆明园样式房掌班。此后，他又同父亲一道承担了普陀峪

定东陵重建和被八国联军损毁的京城宫苑、坛庙、府邸等皇家建筑的重建与修缮，以及“新政”期间各类新式洋房的设计。

光绪二十六年（1900 年），八国联军入侵，北京城和城内外各类皇家建筑再度罹劫。雷廷昌及长子雷献彩主持了大规模修复、重建工程，如北京正阳门及箭楼等城楼、大高玄殿、中南海以及颐和园的重建等。

雷廷昌去世后，清末的崇陵、摄政王府等重大工程设计，均由雷献彩主持完成。

辛亥革命后，清王朝退出历史舞台，皇家建筑设计和样式房差务也随之消失。据雷氏族谱记载及雷家后裔口述，雷献彩曾先后两娶，却皆“无出”，他在失业的忧愁和没有子嗣的悲哀中默默地告别了人世。延续了八代的“样式雷”传承就此终结。

2.“样式雷”设计中的文化意蕴

能够建造皇家宫殿和园林的人可谓凤毛麟角，更不用说能几百年间世代担任皇家建筑设计师，雷氏家族的建筑风格能一直为皇家认可，他们到底有着什么特殊之处？在“样式雷”的设计中又有着怎样深厚的文化内涵呢？

直至清代末年，雷氏家族有 6 代后人都在样式房任掌案职务，负责过北京故宫、三海、圆明园、颐和园、静宜园、承德避暑山庄、清东陵和西陵等重要工程的设计。雷氏家族进行建筑设计方案，都按 1／100 或 1／200 比例先制作模型小样进呈内廷，以供审定。其台基、瓦顶、柱枋、门窗以及床榻桌椅、屏风纱橱等均按比例制成。雷氏家族烫样独树一帜，是了解清代建筑和设计程序的重要资料，留存于世的部分烫样现存于北京故宫。

长期以来，由于缺乏史料证据，中国古代的辉煌建筑都被认为是靠能工巧匠的经验修建起来的，甚至不需要设计图、施工图。而“样式雷”图档的存在，不仅彻底否定了这种观点，而且体现了中国古代的建筑水平。

中国古代建筑在清朝发展到了极致，建筑规格要求也渐渐走向标准化、定型化，建筑师们的创作重点转向建筑群体的空间布局，这个时期修建的皇家园林和帝王的陵寝，都体现了建筑与环境的和谐统一。

3.“样式雷”获世界文化遗产殊荣

“样式雷”图档入选《世界文化遗产名录》，这是中国迄今为止获得的第五项世界文化遗产项目。中国人的建筑遵照典礼之规制，配合山川之胜势建造，讲求人和自然环境的有机统一，认为建筑是人和自然的一个中介，而这些设计理念是欧洲人缺乏的。这里的精神含义是好的山水环境，能够产生一种天然的永恒的纪念气氛，建筑与自然相配合，这是中国人一贯崇尚的天人合一理念。“样式雷”是中国人智慧的体现，更是中国建筑史上的宝贵财富。

五、颐和园的建筑特色

宫殿建筑是皇帝为了巩固自己的统治，突出皇权的威严，满足精神生活和物质生活的享受而建造的规模巨大、气势雄伟的建筑物。这些建筑大都金玉交辉、巍峨壮观。其典型特征是斗拱硕大，以金黄色的琉璃瓦铺顶，有绚丽的彩画、雕镂细腻的天花藻井、汉白玉台基、栏板、梁柱，以及周围的建筑小品。

中国古典园林具有多功能的特点，园林建筑呈现出严格对称的结构美和迂回曲折、趣味盎然、模拟接近自然的自然美两种形式。皇家园林中的宫殿建筑和私家园林中的住宅建筑，以及寺庙建筑在外观设计上多取方形或长方形，在南北纵轴线上安排主要建筑，在东西横轴线上安排次要建筑，以围墙和围廊构成封闭式整体，展现严肃、方正，井井有条。

颐和园这座经历了风风雨雨的皇家园林，也是现存最大、保存最完整的园林，在古代它是统治者政治、生活和娱乐的中心，恢弘壮丽，雄伟与秀丽完美结合，那么作为统治者的尊贵与威严的象征，它又有什么建造特点呢？

（一）建筑类型

为了体现皇权的至高无上，表现以皇权为核心的等级观念，中国古代宫殿建筑采取严格的中轴贯通，左右对称的布局方式：中轴线上的建筑高大华丽，轴线两侧的建筑相对低小简单。设计者往往是沿着中轴线一个接一个地纵向布置主要建筑物，两侧对称地布置次要建筑物，布局平衡舒展，引人入胜。这在故宫和老北京城的布局上看得最清楚。

颐和园虽然是行宫，依山傍水、随坡就弯而建，设计师还是千方百计地体

现了这种传统的审美观，最明显的便是万寿山南麓以佛香阁为中心的建筑群：从昆明湖北岸的中央码头开始，经云辉玉宇牌楼、排云门、金水桥、二宫门、排云殿、德辉殿、佛香阁、众香界、智慧海这九个层次，层层上升，从水面到山顶构成一条垂直的中轴线，两边布局也是严格对称的。

园林属休闲生活娱乐的场所，建筑在园林中具有使用与观赏的双重功能，常在山石、水景和花木陪衬下成为园林的主景，主要包括厅堂、楼阁、亭榭、廊庑、桥梁、斋馆以及寺观、塔幢、宅第、街市等，有些大型的皇家园林甚至把长城、关隘等也仿缩园中，园林建筑可以说是集各种建筑类型之大成。那么颐和园这座集南北园林精华的皇家园林都有哪些类型的建筑呢？

1. 厅堂

厅堂是园林的主体建筑，一般为聚会迎宾之所，帝王宫苑中的殿堂是上朝听政和接见重臣使节的地方，较之私园中的厅堂更为宏大，但因其在园林中，又比较灵活而富于变化。厅堂的位置往往设在离大门不远的主要游览线上，既是园林的主要景点，也是观赏园景的最佳之处。

如颐和园中的东宫门区，即为政治活动区。南侧对称排列着南北九卿房，是清朝九卿六部值班的地方。仁寿殿，原名为“勤政殿”，意思是游园不要忘了勤理政务，为接见大臣和外交使节，处理政务的地方。

排云殿，建在乾隆年间大报恩延寿寺中大雄宝殿的遗址上，是慈禧太后过生日时接受百官朝贺的地方。

2. 楼阁

一般多为体量较大的高层建筑，不仅是游人登高望远的佳处，同时也是园林最为突出的景观。

颐和园中的佛香阁是其典型代表。佛香阁建于乾隆二十三年（1758 年），在光绪十七年的时候重建，耗费了银两 78

万多两，是颐和园当中花费最多的工程，原来在这里供奉有 5 米多高的金身佛像。

3. 舫

舫是一种仿船形的建筑，又称不系舟，多建于池边或水中，是休息、宴饮、娱乐的场所。

石舫，在昆明湖的西北，万寿山西麓岸边，为白石雕造，名为清晏舫。船体用巨大的石块雕造而成，上建两层舱楼，窗上镶嵌五色玻璃。

4. 亭

亭，“亭者，停也”，亭的功能主要是供游人作短暂的逗留以观览园内外景色，也是园林造景点景的重要手段。亭的位置、式样、大小因地制宜，变化无穷，堪称是中国古典园林中最具特色的建筑形式。

颐和园中的亭特别多，有特点的亭也是很多的，如：

知春亭，位于玉澜堂南面的一个小岛上，四面环水，桥与岸上相通。亭子重檐圆柱，幽雅别致。清漪园时，知春亭岛四面环水，乾隆皇帝多次登临，曾信笔赋诗曰：“湖心亭子原依旧，春不期知亭自知。”知春亭字面的取意浅显易懂，此亭是颐和园里最先感知春意的地方。知春亭是昆明湖东部非常理想的观景场所。

廓如亭，俗称八方亭，是中国古代园林中最大的一座亭式建筑。始建于 1752 年，当时的东堤尚无园墙，廓如亭不仅能四面观景，还有守护园林的作用。廓如亭内的枋梁上现挂有八块木匾，其中有两块是乾隆皇帝的手书诗句，其余六块是光绪时期大臣为廓如亭量身制作的，其内容摘自《文心雕龙》中的部分词句，用来歌咏景色，赞美时政。

清漪园时期，体量巨大的廓如亭与水面上的十七孔桥以及南湖岛上的望蟾阁共同构成了一幅巨型画作，高楼、长桥、巨亭，三者相辅相成，和谐统一。它们在空间上互相映衬，搭配得天衣无缝、完美绝伦。同时，它还是东堤上一

处位置绝佳的观景建筑。

5. 廊

廊子的建筑形式通透开敞、自然飘逸，不仅有联系园林中各种建筑物，给人停歇观赏、遮阳避雨的作用，而且为园林增添了美景，是中国园林中最富特色的建筑之一。

颐和园最著名的廊就是长廊了。它东起邀月门，西至石丈亭，全长728米，是我国园林中最长的廊子。

6. 桥

园林中的桥为了游赏的需要，造型变化丰富，艺术性较高。

镜桥位于西堤中部，其八面玲珑的姿态既宜于观赏周围的景致，又能营造出有别于其他桥梁的艺术特征。行至镜桥处，内湖与小西湖隔堤相映，桥亭倩影映入水中。桥名出自李白诗："两水夹明镜，双桥落彩虹。"

汉白玉雕砌的玉带桥建于乾隆年间，拱高而薄，桥身、桥栏用青白石和汉白玉雕刻而成，远望如一条玉带，故得此名。

十七孔桥和东堤相连接，长150米，宽8米，是园内最大的一座桥梁，得名于桥孔的数目。它西连南湖岛，东接廓如亭，不但是前往南湖岛的唯一通道，而且是湖区的一个重要景点。十七孔桥的栏杆望柱上精雕细刻着544只生动美观、形态各异的小狮子，其手法和卢沟桥的建造风格非常相似，但石狮的数量比卢沟桥多五十余只。

7. 塔幢

塔幢是佛教思想在园林中的体现，也是重要的景观建筑。塔往往建造于曲水转折处或山之峰顶，以控形势，也暗含镇守一方保平安的吉祥寓意。

智慧海位于万寿山的最高处，建于乾隆年间，名称来自于《无量寿经》："如来智慧海，身府无崖底。"意思是如来佛智慧如海，佛法无边。这里是一座用琉璃砖瓦和石料建成的

两层无梁殿，原来供奉有无量寿佛，外壁上还嵌着1008尊小佛。1860年英法联军入侵的时候，虽然殿堂没有被烧毁，但是这些佛像却遭到了破坏。

8. 牌坊和牌楼

牌坊和牌楼是由华表演变而成的，华表柱之间加横梁即为牌坊，若在牌坊结构上加斗拱及屋檐则成为牌楼。园林中的牌坊和牌楼多为建筑群的附属建筑，通常坐落在建筑或院落的导入部分、道路的转折或桥头处。北方皇家园林中牌坊和牌楼的设置较为普遍，以显示皇家气派。

在东宫门外，有一座题为“涵虚罨秀”的牌楼。其中涵虚的意思是天地开阔，山清水秀，包罗万象；罨秀有捕捉美丽景色之意。

万寿山上也有“云辉玉宇”牌楼，是此处中心建筑群的开端。

9. 城关和街市

在大型的皇家、王府园林中，往往还建有这类象征军事和商业设施的景点，以显示帝王之家“移天缩地在君怀”的宏大气魄。

颐和园中最著名的街市景点当数苏州街了，原为商业街，仿苏州景色，当时由宫里的太监、宫女扮成买卖人，热闹非凡。

颐和园整体园林艺术构思巧妙，在中外园林艺术史上地位显著，是举世罕见的园林艺术杰作。

（二）造景的手法

中国园林讲究“步移景异”，对景物的安排和观赏的位置都有很巧妙的设计，这是区别于西方园林的最主要特征。中国园林总是试图在有限的内部空间里完美地再现外部世界的空间和结构，园内建有亭台楼榭，又有游廊小径蜿蜒其间，内外空间相互渗透，得以贯通、流动。

窗子在园林建筑艺术中起着很重要的作用，窗户是内外交流的媒介。透过格子窗，广阔的自然风光被浓缩成微型景观。

颐和园乐寿堂差不多四面都是窗户，周围粉墙列着许多小窗，面向湖景，每个窗户都等于一幅小画（李渔所谓“尺幅窗，无心画”）。而且同一个窗户，从不同的角度看出去，景色各不相同。这样，画的境界也就无限地增多了。

不但走廊、窗户，而且一切楼、台、亭、阁，都是为了“望”，都是为了得到和丰富对于空间的美的感受。颐和园有个匾额，叫“山色湖光共一楼”。意思是，这个楼把一个大空间的景致都吸收进来了。左思《三都赋》的“八极可围于寸眸，万物可齐于一朝”就是这个意思。

颐和园还有个亭子叫“画中游”。“画中游”，并不是说这亭子本身就是画，而是说，这亭子外面的空间好像一幅大画，你进了这亭子，也就进入到这幅大画之中。所以明人计成在《园冶》中说：“轩楹高爽，窗户邻虚，纳千顷之汪洋，收四时之烂漫。”

为了增加空间的美感，在园林建筑中就要采用种种手法来布置空间、组织空间、创造空间，例如借景、分景、隔景等等。其中，借景又有远借、邻借、仰借、俯借、镜借等。

如玉泉山的塔，好像就是颐和园的一部分，这是“借景”。颐和园的长廊，把一片风景隔成两个，一边是近于自然的广大湖山；一边是近于人工的楼台亭阁，游人可以两边眺望，丰富了美的印象，这是“分景”。颐和园中的谐趣园，自成院落，另辟了一个空间，另是一种趣味。这种大园林中的小园林，叫做“隔景”。“镜借”是凭镜借景，使景映镜中，化实为虚。园中凿池映景，即为此意。昆明湖水中倒映出园中的景物，虚实交错，实物与倒影相互映衬，为游客提供了更丰富的景观，更深远的层次，而且还极大地扩展了欣赏者的空间感受，

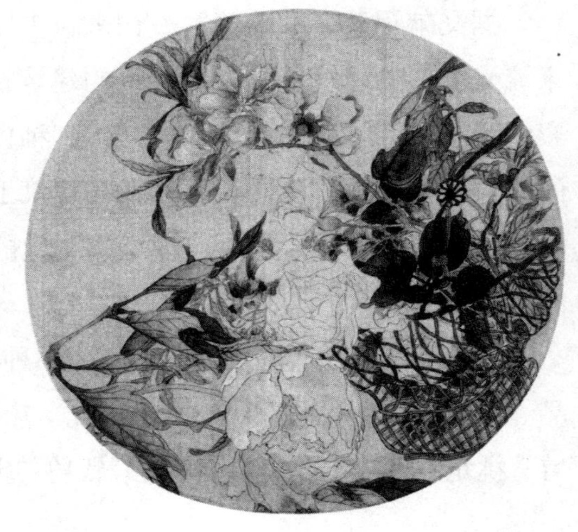

水中影，眼中景，天水相接，如梦如幻。

无论是借景、对景，还是隔景、分景，都是通过布置空间、组织空间、创造空间、扩大空间的种种手法，丰富美的感受，创造了艺术意境。概括说来，当如沈复所说的："大中见小，小中见大，虚中有实，实中有虚，或藏或露，或浅或深，不仅在周回曲折四字也。"（《浮生六记》）

园林建筑采用"举折"和房面起翘、出翘，形成如鸟翼舒展飘逸的檐角和屋顶各部分的优美曲线生动流丽，轻巧自在，"如鸟斯革"，呈现出动态美。如屋脊上庞大的雕龙的身体，龙体的头、身、尾、爪均呈曲线形，仿佛在游动、飞腾。园林中千姿百态、曲线优美的拱桥，石拱如环，矫健秀巧，有架空之感。

（三）屋顶设计

皇家宫殿，在大家的印象中就是红墙黄瓦，颐和园也不例外，主要也是以红、黄两色为主。那么为什么皇家建筑多以红、黄两色为主要基调呢？

据文献记载，"琉璃"一词来自古印度语，随着佛教文化而东传，其原来流光溢彩的琉璃瓦是中国传统的建筑物件，通常施以金黄、翠绿、碧蓝等彩色铅釉，因材料坚固、色彩鲜艳、釉色光润，一直是建筑陶瓷材料中常用的材料。我国早在南北朝时期就在建筑上使用琉璃瓦中作为装饰物，到元代时，皇宫建筑大规模使用琉璃瓦，明代的十三陵与九龙壁都是琉璃瓦建筑中的杰作。

琉璃瓦经过历代的发展，已形成品种丰富、型制讲究、装配性强的系列产品。常用的普通瓦件有：筒瓦、板瓦、句头瓦、滴水瓦、罗锅瓦、折腰瓦、走兽、挑角、正吻、合角吻、垂兽、钱兽、宝顶等等。

1. 黄色——正统的象征

琉璃，古代又称“流离”，它是二氧化硅与其他金属氧化物混合烧制而成的釉质物，随着配入的金属物质比例的不同而呈现缤纷的颜色。我国早在西周时期，就已出现琉璃制品。至明清时，琉璃瓦屋顶已成为尊贵建筑的象征。

颐和园宫殿建筑中常用的琉璃釉色多为红、黄、绿等颜色。明清两朝依旧以黄色为帝王专用的尊贵之色，帝王宫殿及其陵寝宫殿都以黄色为装饰。其次为绿色，绿色在五行中从东、属木，因此处于人生成长阶段的太子、皇子居住的宫殿多用绿色琉璃瓦。

古代五行学说以土色为黄，土局中央，以示天子位居正中之位，统御四方。五行学说早在汉武帝时，就确立了“汉居土德”的思想，黄色便成为汉朝皇权的象征。以后历朝相沿不改，均以黄色为至尊至贵的颜色，用以表达皇帝所居为天下的中心，具有无上崇高的地位。不但皇宫建筑以黄色为主，皇帝所有的衣食住行一应用品，无一不是使用明黄色。这种皇帝的专用色已经成为拥护帝王至尊的保证。而红色自古以来即是中国人民喜爱的吉祥色，红色往往与幸福美满、喜庆成功等令人欢欣的事物联系在一起。五行学说中红色主火，火主光大，颐和园中集宫和苑为一体的宫殿，当然以红、黄两色为主了。

除了屋顶大量使用琉璃瓦外，还建有许多琉璃门、琉璃壁、琉璃花坛以及镶贴在下肩坎墙上的琉璃砖等。无不流光溢彩、精美华贵。

2. 檐角小兽

中国古代工匠喜欢把龙、虎、鸟、蛇这一类生气勃勃的动物形象用到

艺术上去。图案画常常用云彩、雷纹和翻腾的龙构成，雕刻也常常是雄壮的动物，还要加上两个能飞的翅膀。不但建筑内部的装饰，就是整个建筑形象，也着重表现一种动态，中国建筑特有的“飞檐”，就是起这种作用。

颐和园许多宫殿上的琉璃瓦顶和屋脊上有形状各异的大小吻兽，他们的位置、大小、多少和排列顺序都有严格的规定。龙吻作为建筑物的一个构件，在建筑学上有其特殊功能。原来，宏大的宫殿屋脊两端，各有一根立柱，是屋顶的最高点，受到雷击的比率最大，因此俗称“雷公柱”。同时它又有受雨水侵蚀的弱点，需要重点遮蔽保护。龙吻既美观又实用，它背上的宝剑，其功用相当于今天的避雷针。

而在宫殿屋檐角处，还置有琉璃神兽，他们是：龙、凤、狮子、海马、天马、押鱼、狻猊、獬豸、斗牛、行什。这些小兽有的是神话传说中象征吉祥的动物；有的是爱憎分明、惩恶扬善的猛兽；有的是水中的奇异动物。它们都有吉祥如意、防火消灾的寓意。把这些威猛忠直的奇禽异兽立于宫殿的檐角，象征着除灾免祸、剪除邪恶，反映出统治者祈求天助的心愿。同时，又表示皇帝是真命天子，天地间的祥禽神兽齐集来朝。神兽数量由建筑物的等级、规模来决定，一般以1、3、5、7、9五个奇数为准。

这些琉璃兽件与龙吻一样，最初完全出于实用。因垂脊的坡度大，为了防止瓦件脱落，必须把下端的脊瓦钉在角梁上固定住。长钉又不宜暴露于外，那样既不美观又易蚀漏，于是便在上面罩以陶制的走兽。中国古代的能工巧匠，将美观实用和求神佑助的愿望巧妙结合，创造出各种艺术形象，使之达到建筑艺术与实用功能的完美统一。

（四）颐和园之最

颐和园集中了中国古典建筑的精华，容纳了中国不同地区的建筑风格，荟萃了南北园林的特色，堪称园林建筑博物馆。它不仅规模大、保存完整，更包括了中国乃至世界之最，那么它都有哪些之最呢？

1. 世界上最长的长廊。共 273 间，全长 728 米，东起邀月门，西至石丈亭。长廊以精美的绘画著称，属于“苏式彩画”，廊上绘有图画 14000 余幅，1992 年以“世界上最长的长廊”列入吉尼斯世界之最。

2. 廓如亭，俗称八方亭，八角重檐，位于昆明湖东岸，是中国古代园林中最大的一座亭式建筑。

3. 颐和园最长的桥——十七孔桥，长 150 米，宽 8 米，是园内最大的一座桥梁。该桥的造型优美，它西连南湖岛，东接廓如亭，不但是前往南湖岛的唯一通道，而且是湖区的一个重要景点。

4. 石狮子最多的桥——颐和园十七孔桥，共 544 个狮子，而且形态各不相同，比卢沟桥上的石狮子还多五十余个，具有很高的艺术价值。

5. 中国最大的古代石船——颐和园石舫。

6. 中国古代最大的戏楼——颐和园内德和大戏楼。

7. 最大的园林湖——昆明湖。

8. 佛香阁，据说这座巨大的建筑物被英法联军烧毁后于 1891 年重建，花了

78万两银子，是颐和园里最大的工程项目。

9. 智慧海——无梁佛殿，是最独特的建筑，内部结构以纵横交错的木梁支撑顶部，内部未使用一梁一柱，为名副其实的“无梁殿”。这里两层无梁殿，原来供奉有无量寿佛。

10. 智慧海，外壁上嵌着1008尊小佛，也是有最多佛像的建筑。

11. 西堤古柳，栽种于乾隆年间，是北京地区年代最久、遗存最多的古柳树林，每棵都有超过三百年的树龄，共有19棵。现在，它们需要钢筋支撑，需要水泥浇灌，是反映和研究清漪园西堤植物配置和景观风貌的主要依据。

圆明园

圆明园是中国古代园林艺术的精华，其在风格上既有皇家园林的威严雄壮，又有江南园林的雅致婉约，更兼具当时欧洲宫殿的华丽繁复，被誉为“万园之园”。然而在19世纪随着清帝国势力的衰微，圆明园不幸被英法联军劫掠焚毁。如今的圆明园已成为“遗址公园”，其深深的意味值得我们后人深刻反思。

一、兴建历史：痴迷园林兴建的皇帝们

圆明沧桑

“圆明”，意旨深远，夫圆而入神，君子之时中也；明而普照，达人之睿智也。意思是教育后代皇帝要自我修养，修养到所谓完美无缺的地步，达到博大精深、邃密周纯的圣贤人那种如日中天的最高思想境界，这也就是所谓的“圆”。至于“明而普照，达人之睿智”一语，则是指皇帝的政绩要明彻，恩惠要广泛施与民众，这才是聪明而有智慧的表现。康熙、雍正潜心学佛，故用此佛家用语来指称皇家园林，以勉励自己及皇家后人，雍正皇帝也曾自称“圆明居士”。圆明园位于北京西郊海淀一带，这一地区自然风景甚佳，山起西北，水入东南，正和中国地势相符。在清以前已有贵族在此兴建庄园别墅，如明孝宗朱佑樘弘治七年，曾在翁山构筑圆静寺，到武宗朱厚照正德年间，又在翁山兴建了皇帝的行宫，并将翁山改名金山，翁山泊改名为金海，总称为“好山园”；又如明武清侯李伟在此建立别业“清华园”；明代著名画家米万钟也钟情于此地的绝佳风景，建“勺园”于此，取“海淀一勺”之意。正式在圆明园居住的皇帝有五位：雍正、乾隆、嘉庆、道光和咸丰。但对圆明园念念不忘的还有同治和光绪皇帝，即使在当时国库不支、国运堪忧的情况下仍动用军费修复这座皇家园林，更不用说他们的先祖们对圆明园的精心营造了。

清军入关后，受不了北京夏季的酷暑炎热，故皇家开始兴建离宫别院。多尔衮曾说过：“北京春秋冬三季犹可居止，至于夏月，溽暑难堪。”康熙继位后，就兴建畅春园作为自己的行宫，后将一处废弃的明代园林重建后赐予四子胤禛，并于1709年亲笔题写圆明园匾额。康熙皇帝在位六十一年，一生子嗣众多，到了晚年，皇子之间争权夺

利、互相仇杀，三十五个儿子中选谁继承皇位，颇伤脑筋。而此时的四皇子胤禛则表现得雍容大度、闲适恬淡，自称“圆明居士”，表示与世无争、甘心陇亩。他居住于圆明园内，表面上过着闲云野鹤的生活，不过问政治，只是痴迷于园林。圆明园最初面积较小，只有 500 亩左右。他悉知康熙喜爱牡丹，故在圆明园内兴建牡丹园，并于 1722 年春恭迎康熙欣赏牡丹。在这里，康熙皇帝第一次见到了年仅 12 岁的弘历，即后来的乾隆皇帝，康熙皇帝认为小弘历天资聪慧，是有福之人，对其颇为喜爱，并将其接到畅春园。这也是唯一的一次三个皇帝相会，多年后，乾隆皇帝还对此念念不忘，将牡丹台更名为“镂云开月”，并题匾“纪恩堂”，以纪念祖孙三人的相会。关于雍正皇帝的继位，传说颇多，有说是他篡夺皇位，修改皇帝遗诏，将“皇位传十四阿哥”改为“皇位传于四阿哥”，此一说法还被广加利用，野史、演义及今日的影视等多对此大加渲染；也有说是康熙对弘历很是喜爱，认为其有帝王之资，为让他继承大统，才传位于他的父亲；也有说是康熙皇帝死于脑溢血，是正常死亡。不管怎样，一向恬淡示人的雍正继承皇位还是引起了轩然大波，谣言四起，为巩固皇位，他将与其争夺皇位的兄弟永远囚禁起来。

历史上的雍正皇帝一向以勤勉、俭朴著称，但于 1723 年继承皇位后就着手扩建圆明园，因是年皇太后突然仙逝才延迟了他入住圆明园的时间，服丧期满后就于 1726 年新年正式入住圆明园。他乘坐一辆镀金的马车，在 11 辆马车的护送之下，从北京出发直抵他的帝王宫苑。亲王和大臣们赠送皇上 3000 个灯笼，以示庆祝。自此，圆明园开始正式作为皇家的行宫，并作为实际上的行政中心。雍正曾正式向吏部和兵部做出谕示：“朕在圆明园与宫中无异，凡应办之事照常办理。”此后他又颁布命令重申这项谕示。他也深知园居似与政务有碍，故又将自己处理政务的地方命名为“勤政殿”，为了不断警惕自己，又悬挂巨幅对联“心天之心而宵衣旰食，乐民之乐以和性怡情”，这还不够，又在他的御案后面展示“无逸”两个大字，处处勉励自己做勤政爱民的好皇帝，也处处

为自己辩护着，虽身处如诗如画的圆明园，但不影响他处理政务。

入住圆明园后，雍正开始大规模地扩建他的离宫，雍正元年即设圆明园总管大臣，随后第三年就拨付圆明园工程三十万两白银。经过大规模的引水蓄池、广植树木、增建楼阁亭榭，圆明园已由最初的500亩增至3000多亩，拥有200多座宫殿，在它的周围还有24000人的皇家卫队日夜巡逻，没有皇帝的命令任何人严禁入内。后来乾隆皇帝命宫廷画师所绘的《圆明园四十景图》有二十八处是在雍正时期已完成的。宫殿中有处理政务之所，如正大光明、勤政亲贤；有皇帝及后妃居住之所，如九州清晏；有皇子读书之处，如梧桐院；有皇子习武之地，如山高水长；也有皇帝观稼验农之处，如澹泊宁静、多稼如云等。宫殿的建造整体上体现出儒家勤政爱民的思想，但也有道家的天人合一、清静自然之处，如桃花坞、杏花春馆。雍正皇帝一生勤政，据载在其统治的十三年里，他批阅过的奏折达四万多件，每天的睡眠时间不足四个小时，但就是这样一个勤勉的皇帝，也痴迷于圆明园的兴建，耗费巨资兴建他的居住之所。因其勤政，清帝国逐渐走向强盛，也才会有富足的资财来扩建园林。雍正驾崩后，弘历继位，即乾隆皇帝。对雍正的驾崩，民间说法也颇多，有说是被明代将军吕留良之后吕四娘所刺，有说是因服丹药中毒而死，似乎后一种说法颇为可信，雍正皇帝一生颇为辛劳，靠丹药增强体力极为可能，据说炼丹之处就在别有洞天。

大清帝国至乾隆时期已达到顶峰，他因而显得从容自信、游刃有余，因而也有更丰厚的财富来扩建他的皇家园林。乾隆时期，因国库中积聚了太多的银子，竟然影响到了正常的货币流通，对他来说，如何花掉银子、刺激消费才是亟待解决的。理论上，圆明园是由内务府拨款，但实际上它有自己独立的财源来应付不断的开支，如征收附近的地租及两淮盐商的纳税。1757年商人黄源德捐献了100万两白银，其中30万两拨付给圆明园银库，乾隆在1794至1799的五年里就透支了448582两白银。由于小时就居住

在圆明园内，乾隆皇帝对圆明园感情颇深，特别是对他曾居住过的长春仙馆感情深厚，扩建后的长春仙馆就由太后居住，以颐养天年。1744 年，圆明园主体部分完工，除了雍正时期的二十八景外，乾隆又造十二景，命宫廷画师唐岱、沈源绘成《圆明园四十景图》（现藏于法国国家图书馆）。建成后的圆明园景色宜人，宛如仙境，园内四时之花常开，灿如烟霞，八节之树常青，郁郁葱葱，“实天宝地灵之区，帝王豫游之地，无以逾此，后世子孙必不舍此而重费民力以创建苑囿”。可见当时圆明园之华美异常，才会使乾隆皇帝有此感言。1751 年，乾隆皇帝又开始兴建长春园作为他退位后的居所。他曾六下江南，遍访江南著名园林，并将它们移植在长春园内，“谁道江南风景佳，移天缩地在君怀”，西湖十景如平湖秋月、三潭映月、苏堤春晓等，苏州狮子林及仿南京徐达的瞻园所造的如园，浙江海宁陈家的安澜园，甚至还仿造浙江宁波的天一阁藏书楼而造文渊阁于长春园内等等。长春园内还有一处较为独特的建筑群，即“西洋楼”，这些欧式建筑和园林也被称为“中国的凡尔赛宫”，历经劫难，时至今日，只有这些大理石造就的建筑还有遗迹可循，这些也成了今天圆明园的标志。

乾隆之所以有兴趣兴建这座华丽的西式园林，可能最早是被传教士所献的西洋绘画中的欧式喷泉所吸引，喷水池是古代西方人的爱好，在 17 世纪的法国和意大利极受欢迎。而乾隆时期的传教士郎世宁就来自意大利，王致诚则来自法国。后来乾隆皇帝就命郎世宁、王致诚及蒋友仁为主要建筑工程师，设计构图，监督建造，并允许他们可以在宫中自由行走。这些华美的西洋楼建筑群耗费十四年（1745−1759 年）建成，主要采用欧洲文艺复兴后的建筑形式，具有洛可可和巴洛克风格，同时也吸取了中国传统的园林建筑风格，如屋顶覆以色彩明亮的琉璃瓦，是一组中西合璧的建筑群，整体风格又与圆明园相得益彰。今天我们可以从一些铜版画上来欣赏当时建筑的华美壮丽，从今日的遗迹遥想

当年的繁华。整个西洋楼建筑群自西往东依次是：谐奇趣、蓄水楼、万花阵、养雀笼、方外观、五竹亭、海晏堂、观水法、大水法、远瀛观、线法山、方河及线法墙，其中方外观传说是皇帝最宠爱的妃子香妃（也称容妃）做礼拜的地方。然而圆明园本园内的扩建远没有结束，早在1774年，就把原来大学士傅恒的园林绮春园整合到圆明园内，后又把喜春园和春喜园这两座邻近的小园林一起并入圆明园。因此这一时期就形成了“三山五园”，即万寿山、玉泉山、香山、圆明园、长春园、绮春园、春喜园、喜春园。这一带成了名副其实的皇家园林区，景色秀丽、建筑华美，仿若人间仙境。

乾隆在1799年驾崩后，圆明园的扩大工程还在继续，他的继承者嘉庆皇帝继续给圆明园做没有止境的维修和扩建。嘉庆继位后，国库尚充盈，加之没收贪官如和珅的财产，也使他能随心所欲建造自己的园林。绮春园是嘉庆园居时的主要场所，与圆明园、长春园不同，它在风格上更显活泼自然，有着村野之趣。

绮春园在乾隆时期规模较小，而且多是旧建筑，而到嘉庆时期，引入万泉河的水，又合并成亲王的“寓园”、和硕公主的“含晖园”，又经数年扩充构筑，绮春园的规模比乾隆时期大了一倍。到嘉庆十年（1805年），共成景三十处，嘉庆曾亲题绮春园三十景诗。嘉庆于1812年到热河做每年例行的狩猎之旅时突然驾崩，他的继承者是道光皇帝。

道光皇帝并没有于登基后立即入住圆明园，却于1823年对这座帝王宫苑做了重新安排，他将皇太后及嫔妃从畅春园搬出移进绮春园，自此，畅春园因疏于管理而渐衰败。他还把喜春园赐予淳亲王，连同嘉庆于1812年将春喜园赐予固伦格格，圆明园由五园定型为三园。道光皇帝以仁慈、俭朴著称，但在圆明园的花费上也是毫不手软，于1830年在九州清晏之内再建寝宫“慎德堂”，当1831

年慎德堂完工时，总工程费是252000两白银，远超过原来估计的121700两白银的预算。虽然1836年的一场大火烧毁了这座新殿堂的三个部分，但还是很快就重建起来。道光皇帝喜欢看戏，因此宫内又修建了很多大型戏台，据说，道光皇帝曾亲自上台演戏，还即兴修改台词。

1840年，不满于中英贸易中的顺差，英国开始向中国倾销鸦片来扩大它的海外市场。鸦片战争的爆发，已暴露出中国的经济衰微和军事上的落后，不再是天朝上国。鸦片战争后，中国签订了丧权辱国的《南京条约》、《中美望厦条约》和《中法黄浦条约》，然而道光皇帝只是于1842年的冬天在山高水长进行了一次例行的军事操演，并没有特别致力于国防建设。道光皇帝于1850年安然地在慎德堂去世。

在国家一片混乱中，年仅19岁的咸丰皇帝继位。外有西方列强的虎视眈眈，内有颠覆天朝的太平天国运动，因而咸丰皇帝比他的先祖们承担了更多的压力。曾在一个安排好去天坛祭拜的前夕，咸丰皇帝失声痛哭。有传咸丰皇帝醉于酒色，也可能是麻痹痛苦的一种方式。咸丰一朝，国库吃紧，1858年2月，圆明园从山东方面只获得1212两白银，这座帝王宫苑难以维持，扩建更是举步维艰。然而更大的灾难还在后面。

1860年，英法联军入侵圆明园，咸丰皇帝在犹豫不决中带领嫔妃逃往热河行宫，京城诸事交与恭亲王奕訢。古老的中国无论在管理模式还是在经济、军事实力上，此时已远远落后于英法这些工业革命后的国家，七尺之躯不敌敌人的一颗炮弹，中方损失惨重，可以说英法联军轻而易举地就占领了圆明园。面对堆积的奇珍异宝，再纪律严明的军队也会失去控制，人类潜藏的罪恶得到了最大的发挥，能抢则抢，不能抢的就毁坏。他们用珍贵的丝绸做包袱，用珍藏的书籍做引火之用，玉器古玩、珐琅饰器都不能摆脱被抢被毁的命运，抢劫过的圆明园一片狼藉。这还不够，美其名曰为了给皇帝致命一击，英军首领额尔

金下令于 10 月 18 日烧毁圆明园，大火五日不灭，浓烟压城，宛如鬼魅。从此这座经几世精心建造的皇家园林只存在历史中，存在于人们对过去的遐想中，这一件极美的艺术品的消失，令多少志士仁人心痛纠结、扼腕叹息。他们确实给了咸丰皇帝致命一击，当咸丰听说圆明园被烧毁时，当场吐血，不久后就客死热河行宫，年仅 30 岁。

年仅 5 岁的皇子载淳继位，即同治皇帝。咸丰临死前，为防那拉氏即后来的慈禧专权，即规定：国家大事由赞襄事务王大臣起草上谕，加盖慈安太后的“御赏”和载淳的“同道堂”两颗玉玺印迹后方为有效。但是，那拉氏工于心计、精于权术，在咸丰病死当天，就以载淳名义发布尊自己为皇太后，并于 1861 年 11 月 2 日发动宫廷政变，解除赞襄事务王大臣载恒、端华、肃顺的职务，并将三人处死，其他五位也无法幸免，受到了严厉的惩罚。自此，慈禧开始垂帘听政，成为晚清的实际统治者。经过两次鸦片战争，再加上国内太平军起义，国库已是空虚不堪，然而慈禧对曾居住过的圆明园还是念念不忘，眷恋着过去的美好时光，再加上新皇帝无能只是听命于慈禧，内务大臣为了取悦太后、皇帝也开始上奏修复圆明园。然而，圆明园遭劫严重，只有个别景点还残存着，如廓然大公的“双鹤斋”、绮春园的“正觉寺”、杏花春馆的“春雨轩”等。要修复圆明园，清政府已无力支付巨额银两，也遭到了许多大臣如奕䜣、文祥、李鸿藻等的反对，然同治皇帝一意孤行，进而许多官员向朝廷捐献银两，也同时出现了卖官鬻爵的丑恶现象，就是给那些捐献银两的官员后嗣封一官职。即便如此，共收到恭亲王以下内外官员的捐款也不过 23 万余两，连同其他筹集到的资金，共计 40.5 万余两。这样的资金对修复圆明园来说不过是杯水车薪，而且修复圆明园还要用大量的木料，而当时木料十分缺乏，再加上连年战乱，民不聊生，再搜刮也找不出了，于是出现了李光昭这样的丑闻。李光昭本是广东客家人，并无资财，看到皇帝急需木

料，于是就打着“奉旨采办”的幌子到处行骗，后因所采木材不符合要求，不给洋人支付银两，才导致事迹败露。这从另一个侧面也反映出正是因为皇帝的建园心切，才给小人以可乘之机。此事一出，大臣再次奏请停止修复圆明园，加上国库确实没有银两可支，同治皇帝才作罢。

同治皇帝于 1875 年 1 月 12 日突然驾崩，年仅 19 岁。此后，年仅四岁的载湉继位，即光绪皇帝。慈禧的势力强大后再次修复圆明园，这次她修复的是圆明园的附园清漪园。清漪园原是乾隆皇帝花了 14 年时间用 448 万两白银所建造，用来向他的母亲表达敬意和讨其欢心的。这里湖光山色一片秀丽，更重要的是它毁坏得并不是很严重，所需银两相对较少。清漪园于 1888 年 3 月 13 日修复完成，并由光绪皇帝题名颐和园，从此慈禧就把它作为自己的居所直到去世。在当时国库空虚的情况下，慈禧从何筹措经费呢，有说是动用了海军军费 3000 万两白银。后来甲午战败，八国联军再次侵华，圆明园再次遭焚，与此不无关联。而实际上圆明园的修复一直在悄悄进行，1896 年，李鸿章走进荒芜的圆明园，遭太监举报，被罚一年俸禄，有人说是因为营建工程一直在进行，所以严加守护。据载，慈禧和光绪皇帝于 1886 年至 1898 年都曾定期游访圆明园，以至于被猜测是去监工和督察。还有 1897 年的会计预算中，就拨出 96500 两白

银给圆明园，所以这不禁让人怀疑圆明园工程的完全停止只是表面现象。

圆明园这座皇家园林见证了一个帝国的由盛及衰，从最初兴建到它被焚毁，每个皇帝都对它一片痴情，不论国库是否殷实，都愿举一国之资来使它锦上添花、美丽绝伦。说是因皇帝贪于享乐游玩也好，说这座皇家园林有特殊的魅力也好，它都是一件不可复制的绝美的艺术品，无论是建筑的样式，还是其中各代皇帝所搜集的天下珍宝，它的价值都是不可估量的。

二、景色宜人：宛若人间仙境

在世界的某个角落，有一个世界奇迹。这个奇迹叫圆明园。……请您用大理石、用玉石、用青铜、用瓷器建造一个梦，用雪松做它的屋架，给它上上下下缀满宝石，披上绸缎，这儿盖神殿，那儿建后宫，造城楼，里面放上神像，放上异兽，饰以琉璃，饰以珐琅，饰以黄金，施以脂粉，请同是诗人的建筑师建造《一千零一夜》的一千零一个梦，再添上一座座花园，一方方水池，一眼眼喷泉，加上成群的天鹅、朱鹭和孔雀，总而言之，请假设人类幻想的某种令人眼花缭乱的洞府，其外貌是神庙、是宫殿，那就是这座名园。

——维克多·雨果《致巴特雷上尉的一封信》

圆明园是经清朝一代代皇帝精心营建，所费资财不计其数，是中国古代园林艺术的精华。琼楼玉宇、亭台阁榭、曲桥假石形态万千、各尽其妙，珍禽异类自在闲适，所藏珍宝价值连城、不计其数，正如雨果所说这是一座宛如月宫的宫殿，是人间仙境。圆明园的主体部分于乾隆九年（1744 年）完成，这也是圆明园的全盛时期，乾隆曾命宫廷画师沈源、唐岱绘制《圆明园四十景》，这部画作现藏于法国国家图书馆，从画作上我们可以依稀窥见当年的盛景。

终清一代，圆明园是实际上的行政中心，自雍正时，皇帝一年中大多时间都居住在圆明园内，除非是祭祖等一些重大事情才会回紫禁城办理。那么所建的朝仪听政之所就有：正大光明、勤政亲贤。

正大光明殿坐落在二宫门里正中央的位置，其名意谓胸襟开阔，以适应一位伟大的统治者。这部分建筑依据紫禁城里的主殿太和殿复制而成，外观以油漆和镀金来装饰，在层层交叠的屋檐下有铁丝织成的网来阻止飞鸟接近。因而此殿显得宏伟庄重壮丽，体现了帝王家的气概，这里是举行重大典礼的场所，如宴会和考试。乾隆五十八年（1793 年）

曾在这里接待英国大使马戛尔尼所带领的使团。此时中国还是名副其实的天朝上国，所以只把马戛尔尼所带来的大炮、天象投射仪、自鸣钟、折光镜等物视为洋玩意儿，没有意识到英国已经发生的工业革命。乾隆皇帝拒绝了与英国的贸易往来，但大约五十年后英国就用武力强行推开了古老中国的大门。殿内还有雍正亲自题写的对联“心天之心而宵衣旰食，乐民之乐以和性怡情”，大殿之后为寿山殿。石山之上玉笋嶙峋、奇石矗立。殿东为“洞明堂”。

勤政亲贤位于正大光明殿东侧。这是由许多殿堂组成的一个大庭院，殿内有雍正题写“为君难”三字，“富春楼”位于其后，“芳碧丛”在其前，东为“竹林清响”，因青竹茂密得名，中间夹杂着保和殿与太和正殿三楹。这里是皇帝接见官员、审阅奏章和简单用膳的地方，作用相当于乾清宫。在这个主要听政室内龙座后面的大屏风上，写了“无逸”两个字，是雍正皇帝勉励自己要勤于政治。亲贤则是要近贤臣远小人，政治清明，保大清永远昌盛。

圆明园内的帝王寝兴之所有九州清晏。前已叙述圆明园山起西北，水入东南，正和中国地势相符，皇帝选此作离宫，自有一统天下之意。古代称中国为九州，乾隆将寝宫命名为九州清晏，自然是希望能一览乾坤，皇位永固。九州，由九个小岛组成，围绕着后湖，以桥梁来连接。在九州南北轴线上的岛屿，容纳了三座由北向南排列的建筑群，分别是七楹宽的九州清晏、奉三无私殿和五楹宽的圆明园殿，面向前湖。在这三大宫殿东边是“天地一家春”和“承恩堂”，这主要是嫔妃的住所。皇宫乃禁地，皇帝及后妃的寝宫更是必须得经过皇帝允许，否则任何人严禁入内。但还是经传教士王致诚的眼睛，我们才得以窥见一隅。“这里有所有可以想到的美丽事物，像家具、装饰、绘画……如中国和日本的漆器、古代的古董花瓶、丝绸和金丝银缕，全都汇聚在这里。艺术和高尚的品位能够增添财富的本质”。这里的装饰自然是奢华雅致、珍奇难寻，是集天下最美的东西来装饰。在这三大殿的最西边是清晖阁，乾隆皇帝对此颇为喜爱，这里有清晖阁四景——松云楼、露香斋、涵德

书屋和茹古堂，乾隆曾多次就此吟诗，如《露香斋》一首：“雨足园林露气重，叶芬花郁滴重重。南方新贡芽茶到，却可收烹助净供。”

在这九州的第二个岛上是牡丹台，后被乾隆更名为“镂云开月”。正是在这里，康熙、雍正和乾隆祖孙三人相会，乾隆又将这里命名为“纪恩堂”，以作纪念，“犹忆垂髫日，承恩此最初”。它的主殿是由珍贵的楠木所建造，铺上灿烂的绿色和黄色的砖瓦，营造出金碧辉煌的外观。牡丹花朵象征忠贞、富贵，“花开时节动京城”，怒放灿烂的牡丹自是要表达清帝国的繁荣强盛。在后湖的东北角是“天然图画”，位于正中，有左右两侧，西边包含了一阁一楼，而东边则包括了五福堂。天然图画最早是“竹子院”，在雍正笔下是“深院溪流转，回廊竹径通。珊珊鸣碎玉，袅袅弄清风。香气侵书轶，凉阴护绮栊。便娟苍秀色，偏茂岁寒中”。这里茂林修竹，景色清幽。“天然图画”以北便是“碧桐书院”，院中遍植梧桐，翠阴笼罩着轩亭，传说梧桐枝上栖凤凰，不言而喻，是皇子读书处。这里房屋错落有致，周围山水环绕，极为僻静清雅，是读书的绝佳去处，乾隆更有诗云“每遇雨声疏滴，尤足动我诗情”。牡丹台、竹子院及梧桐院寄予着皇家的理想，是寄兴之所。

中国是农业大国，农耕在皇帝的统治中占有重要地位，在圆明园内也有皇帝观稼验农之所，这些建筑群体现的是村野之趣，颇为闲适自然。如杏花春馆、澹泊宁静、映水兰香、水木明瑟、多稼如云、北远山村、鱼跃鸢飞。

杏花春馆，初建时称菜圃，又名“春雨轩”。建筑有杏花春馆、杏花村、翠微堂、土地庙、间壑余清等建筑，布置得疏疏落落，俨然野田酒村景致。借用杜牧那首“借问酒家何处有，牧童遥指杏花村”的意境所建，这里的景色自是具有村野之趣，恬淡洒脱。一年之计在于春，春雨的多少关乎一年收成的好坏，故“春雨轩”也是当年乾隆观察天候检验农事的场

所。乾隆二十年，下令对此景区进行全面改建，挖掉菜圃，引入湖水，改变了景区的格局，不见当时那种朴素的景色了。

澹泊宁静、映水兰香和水木明瑟这三处景点位于圆明园中部，与后湖景区之土山、溪流相隔，水木明瑟在北，澹泊宁静和映水兰香分居东西，周围有大片稻田。澹泊宁静的格局是“田字房”，殿的东面与北面皆有楼，北楼的正宇为乾隆手写匾额“澹泊宁静”，东为“曙光楼”。殿之东山门外为“扶翠楼”。西门外隔壁墙又有“多稼轩”，轩宇南向，七间。其东邻稻畦，又稍北是“溪山不尽”和“兰溪隐玉”等建筑。乾隆皇帝在其诗中写道“青山本来宁静体，绿水如斯澹泊容”，可见此地是要表达“淡泊以明志，宁静以致远”的情怀。“映水兰香”位于澹泊宁静稍西，景区内前有水田，屋旁松竹交阴，北有“印月池”，池北又有“知耕织”，西南有“贵织山房”，内供蚕神。乾隆有诗“园居岂为事游观”和“鼻观真香不数兰”，表明虽身处御园，不忘农桑。“水木明瑟”位于“映水兰香”之北，其主要建筑临水而建，有的还横跨溪流之上。这里引进西洋水法，通过转动风扇，带来阵阵凉风，而且风扇瑟瑟与水流和林木之声相合，美妙动听，是盛夏皇帝避暑的好去处。

多稼如云位于汇芳书院以东，这里“坡有桃，沼有莲，月地花天，虹梁云栋，巍若仙居矣”。景区内正殿五间，其前殿名为“芰荷香”，夏季，荷花摇曳生姿，随风清香满怀，是观荷佳地。正殿东稍南有屋宇称“湛绿”，隔墙为一农田，颇有田家风味。

北远山村，地处圆明园大北门内，这里稻田遍布，竹篱茅舍成趣，屋宇名

称多与农事有关，如沿河北岸是“兰野”，其后为“绘雨精舍”，西南为“水村图”。再往西有楼，前后相连，前为“皆春阁”，建筑五间，北窗有“课农轩”，所以“北远山村”也称“课农轩”。阁后是“稻凉楼”，西是“涉趣楼”及“湛虚书屋”。东北渡石桥，又有“耕云堂”等建筑。

“鱼跃鸢飞”位于圆明园大北门的西南方，主体建筑跨于池上，平面作正方形。有畅观轩、传妙室等建筑，包含了被溪流环绕的村舍，又东接禾畴，风光娴静。

园内还有一些建筑是依据山形水系而建，再附以假石嶙峋、花树繁茂，更是姿态万千，四季景色俱佳。如西峰秀色、别有洞天、接秀山房、万方安和、紫碧山房等。

“西峰秀色”位于圆明园东北角，是一组规模较大的园林建筑群，四周溪流环绕，东南两侧有土丘包围，只有西部敞开，最早是为了雍正皇帝欣赏日落而建。这里的建筑较为朴素，但可借西山之景，如晨雾中的山色迷蒙、深秋时的满山红叶、日落时的晚霞满怀，使这里的景色不同寻常。而且在这座观景楼的东边是“涵远斋”的巨大建筑，四周种满了木兰花，木兰盛放，花香清幽，令人心旷神怡。在礼堂的东北方是“花港观鱼”，金鱼活泼畅快，人鱼互动自有一番乐趣。

“别有洞天”位于福海东南，由于北侧与福海有小山相隔，东南两侧也有小丘、林木、溪流与外界隔开，仅仅西侧在土山之间设有一座小城关，是一座颇为独立的小园林。这里的景色远离尘嚣，颇为宁静。建筑有溪流北侧的别有洞天、水木清华之阁、纳翠楼、时赏斋、接叶亭；南侧有活画舫、眺爽楼；东侧有竹密山斋、延藻楼、扇薰榭。此外还有澹闲室、自达轩等建筑。

“接秀山房”地处福海东岸，正宇三间，西向。建筑有：琴趣轩、寻云楼、澄练楼、怡然书屋、揽翠亭等。这里的景致是“平冈萦回，碧沚停蓄，虚馆闲闲，境独夷旷。隔岸数峰逞秀，朝岚霏青，返照青紫，气象万千，真目不给赏，情不周玩也”。

“万方安和”位于“九州清晏”区，造型独特，呈“卍”字形。由于房子是用坚固的砖块建造，四周被水环绕，所以冬暖夏凉，乾隆皇帝在此曾被秋月下“卍”字漂浮水面上下对映的金色倒影所吸引，这个金色倒影被称为“佛光普照”。这座建筑一方面反映了帝王希望自己统治下的国家各方安宁，天下祥和；另一方面也是因为这座建筑的景色变化万千，故名“万方安和”。

“紫碧山房”位于圆明园的西北角，山势为全园最高，皆为人工堆叠，建筑别具一格。山之西侧有池水绕山南而东流，与全园水体相连，建筑群因山就势，追求错落变化。山水之间有两进院落，三座南向的殿宇，依次为紫碧山房、横云堂、乐在人和。三殿东西皆有连廊。西侧水池有澄素楼，还有亭榭点缀山水间。最高处为霁华楼，不仅可以一览西山美景，还可欣赏田野之美，观黍赏禾，“清风百里吹华黍，纵目能无一畅情”。

“海客谈瀛洲，烟涛微茫信难求”，传闻海上有仙山，秦始皇曾派徐福东渡求长生不老之药。作为帝王，自是希望生命不朽、帝国永存，然生命有限，作为一种心理补偿，雍正时期就在福海上建造三座仙岛：蓬莱、方丈、瀛台，总称“蓬岛瑶台”。有大殿三间，东南渡桥为东岛，有假山凉亭；西北渡桥为西岛，有简单的庭院建筑。从福海边看岛，视线要穿过二三百米的湖面，而岛的面积又不大，于晨光暮霭中，顿生虚无缥缈之感，如梦如幻，恍若仙境。

环福海而建还有另一处胜景即“方壶胜境”，它建于乾隆三年，是圆明园中规模较大的建筑群之一，其中有两层阁楼十座，亭榭三座。这组建筑群色彩丰富，所有的屋顶皆覆以黄、绿、蓝、紫多种色彩的琉璃瓦，和红色的木柱相配，更显斑斓华丽，宛若仙境楼阁。乾隆有诗“却笑秦皇海上求，仙壶原即在人间”。其西有散落的亭、榭、桥，并在水中模仿西湖的“三潭印月”，布置了三个小石坛，与方壶胜境相比，又成为一处妙景。

皇帝虽是天下之主，但也会求神灵庇护，祈求风调雨顺、国运昌盛，所以在圆明园内也有许多供奉神佛的殿宇，如慈云普护、日天琳宇、月地云居等。

“慈云普护”位于圆明园内后湖北岸，前殿南临后湖，三间。其北有楼宇三层，楼内有刻漏钟表，东偏有“龙王殿”。这里既是喇嘛教的欢喜佛场，又有汉家佛教的观音殿，还有道士庐及民间供奉关帝和龙王的殿宇，真正是“何分东土西天，倩它装点名园”。

“日天琳宇”位于九州景区的东北，早期称为“佛楼”。景区内建有西前楼、西后楼、中前楼、中后楼，上下均为七间，各有穿堂连接，又有敞厅、连廊、灯亭、太岁堂等形式各异的建筑点缀，通过密集的建筑，达到营造繁盛天国极乐世界的目的。每逢初一、十五，皇帝都会来这里祭拜祈求神佛庇护。

“月地云居”又名“清净地”，这一景区地处园中西之西墙内，正是“背山临流，松色翠密，与红墙相映”。正殿有五间，其前有方形殿，四面各五间；其后有楼，上下各七间；其东有法源楼，又东为静室。往西渡桥，折而北为“刘猛将军庙”。传说刘猛是古代的一位将军，曾带领他的军队帮助当地农民扑灭蝗灾，尽其全力，在扑蝗的战斗中，力竭而死。为此，清帝也将他请进御园内供奉起来。

圆明园中还有其他宗教建筑，如舍卫城、广育宫等。舍卫城是圆明园中规模最大的宗教建筑，位于同乐园以北，渡桥经买卖街即是。舍卫城本是佛家圣地，释迦牟尼曾在那里弘法达二十五年之久，舍卫城之名就成为佛教文化的象征。舍卫城分为东、中、西三路，南北城门上有城门楼，南曰多宝阁，中奉关帝，北曰最胜阁，东西宽 90 米，南北长 140 米。舍卫城的一大作用就是收藏佛像，以收藏佛像众多而在御园称冠。广育宫位于福海南岸，建在小土山上，坐南朝北，与一般庙宇坐北朝南相反。宫中所奉为碧霞元君，是供宫中女眷游览，祈愿皇族多子多孙的。

孝悌礼制是中国历来所遵行的，在皇宫中，也有一些关乎此的建筑，如鸿慈永祜、长春仙馆。

“鸿慈永祜”又称“安佑宫”，位于圆明园的西北角，是非常特殊的一组建筑群——礼制建筑，也是皇家园林中唯一的一座具有家庙性质的供奉圣祖、世宗神御之所。安佑宫的建设是一种象征，家庙的出现进一步加强了圆明园

作为离宫御园的政治地位。这是一组规制严整对称的建筑群，景区前设坊三，前后各列两个华表，循山径至“月河桥”，东南有“致浮殿”，三间西向。桥北有坊四座环列，琉璃坊居北，两侧石麒麟一对。坊北东、西朝房各五间，亦称“宫门”。门内东西配殿各五间，中央南向之大殿，即为“安佑宫”大殿，九间。殿东有满文碑亭，殿西为汉文碑亭。整个建筑气势宏伟壮丽，各个建筑乃至围墙都覆以黄色琉璃，配以红色门窗装修，更显庄重、威严，望之令人起敬。

“长春仙馆”位于九州西南，周围溪流环绕，外有土山环抱，显得幽静深邃。它最早是乾隆的居所，乾隆对此颇为喜爱，后重修供皇太后居住，颐养天年。有殿门三间，正殿五间，殿后为“绿荫轩”，西廊后为“丽景轩”。长春仙馆之西有“含碧堂”五间，泉水清澈，常年恒温，冬不结冰。堂后为“林虚佳境”，左为“古香斋”。其东为“抑斋”，“林虚佳境”东稍南为“墨池云”，后有殿“随安室”。

园居必有游赏之处，如看烟火、杂耍、听戏的地方，园内建筑有山高水长、同乐园等。

“山高水长”在“万方安和”西南，是西向的两层楼宇，上下各有九间。整个景区“后拥连冈，前带河流，中央地势平衍，凡数顷”。这一景区是外藩朝政赐宴和平时侍卫校射之地，也是每年灯节看烟火尽情游乐的场所。因地势平坦开阔，也是皇子的习武之所。道光皇帝曾在这里最后一次检验军事操演。

同乐园在后湖东北，是圆明园内最大的专用戏楼，有“清音阁”三层，并有机轴等设备，可表演神仙下凡等特技。阁的南面有五间专为化妆用的扮戏房；阁的正北为五间看戏殿，殿额前有“景物常新”四个大字。

清朝非常重视对皇子的教育，对皇子的要求也很严格。皇家子孙六岁开始学习，不论寒暑，从不间断，一年中只有五天假期，初一、端午、中秋、万寿

节及自己的生日可以休息。每天清晨五点都要赶往书院，学习满文、蒙文、汉文，下午就要练习骑射。园中必不可少的一个居所就是书屋，有武陵春色、四宜书屋、汇芳书院、洞天深处。

“武陵春色”又名“桃花坞”，位于圆明园的中部。景色仿陶渊明所作的《桃花源记》，表现得是闲适恬淡、怡然自乐之情，四周土山环抱，其南点缀假山、石洞、小溪、桃林，并散布几处轩亭，环境清雅秀丽。有轩三间：“壶中日月长”，南临小池；东为“天然佳妙”；其南为“洞天日月多佳景”，有“乐善堂”颜额。是乾隆作皇子时读书和居住的场所。

“四宜书屋”位于福海东部，隐于山冈之后。所谓四宜指“春宜花，夏宜风，秋宜月，冬宜雪”。乾隆二十年，不幸失火，重建时参照浙江海宁陈家的安澜园，故又称“安澜园”。景区内有十景：涵秋堂、远秀山房、染霞楼、绿帏舫、洪经馆、四宜书屋、无边风月之阁、飞睇亭、烟雨清真楼和采芳洲。

“汇芳书院”位于圆明园西北，也是一处书斋。创制书院的目的在于培育贤才，辅佐君王，以光耀四方。景区中心建筑是“抒藻轩”，其后是“涵远斋”，斋前西为“翠照楼”，东为“倬云楼”，楼额题“竹深荷静”。又东为“眉月轩”。“倬云楼”南稍东为“随安室”，又东有“问津”。景区内跨溪涧石桥一座，桥头建有石舫，为效西湖“断桥残雪”一景，再加上奇石形态各异，颇有意趣。

“洞天深处”位于福园内，整个景区分为两部分，东半部是皇子居住之所，系四套院落，称为“四所”。四所之西是皇子读书讲习之所，该院落的前边书房是乾隆作皇子时的书舍，院中间的房舍称“中天景物”，其东宇为“斯文在兹”，后边屋宇称“后天不老”。有雍正所题对联“道统集成归至德，圣功养正仰微言”，以勉励后代皇子。

园中还有一些建筑体现了皇帝的哲理体验，“愿为君子儒，不作逍遥游”，表明要做一个内圣外王的皇帝。这些建筑有廓然大公、坦坦荡荡、濂溪乐处、

涵虚朗鉴、澡身浴德、茹古涵今。

“廓然大公”位于福海西北隅，该园四周有山，中有水池，建筑环水而建。有正宇七间，前为双鹤斋，西北为规月桥，东北为绮吟堂，又北为采芝径，自采芝径而北再西行可达启秀亭，水池北侧、假山之前有峭蒨居，水之西北有影山楼，双鹤斋西为环秀山房，西北为临湖楼。这里山水相依，山中珍禽，水中芰荷自在生长，各适其性，可启示乾隆想到山川广大、大度宽容、公平无私，体悟圣人应当如此。

“坦坦荡荡”位于后湖西岸，是仿西湖“玉泉观鱼”而建。该景区四周建馆，中为大水池，专司养鱼。主殿坦坦荡荡三间，前为“素心堂”，后为“光风霁月”。东有半亩园，东北为知鱼亭，又东北为萃景斋，西北为双佳斋。布局疏朗，主次分明。以坦坦荡荡为名，意在表达皇帝治理国家要无私无欲、清白坦荡。

“濂溪乐处”位于圆明园西北，是四十景中最广之景区，这里四面青山环绕，环池带河，风韵独具。有正殿九间，慎修思永、云香清圣、芰荷深处、香雪廊、云霞舒卷楼、临泉亭等。“时披濂溪书，乐处为自省”，此地主要表达要时时注意自省以修身养性。

“涵虚朗鉴”位于福海东岸。虚实相间，实则为眼前景物，而又由虚衍生无限意境。中国绘画、诗歌讲究意境、追求朦胧美，在建筑上也略有体现。这里的主建筑有“惠如春”“寻云榭”“贻兰亭”“会心不远”“临众芳”“云锦墅”等。景区内还有“雷锋夕照”一景。

“澡身浴德”位于福海东南，其含义是“沐浴于德，以德自清”，表明要提高自身的道德修养。主体建筑“澄虚榭”三间，之南有“含清晖”，北有“涵妙识”，折而西为“静香馆”，再西为“解愠书屋”，澡身浴德之北又有“望瀛洲”，其北为“深柳读书堂”，堂北“溪月松风”。

“茹古涵今”位于后湖西南角，所有楼座、殿堂、画室都建造成很大的四方形，由曲折雅致的回廊相连，借用杜甫诗句“不薄今人爱古人”来命名。

园内还有悠游憩赏之处，如曲院风荷、平湖秋月、坐石临流、夹镜鸣琴、上下天光等。

“曲院风荷”和“平湖秋月”均借自杭州西湖胜景。曲院风荷中自是荷花最盛，跨荷花池有九孔桥一座，西桥头有“金鳌”，东桥头有“玉蝀”。“平湖秋月”位于福海北岸偏西，有正宇三间，还有流水音、山水乐、君子轩、藏密楼等建筑，是融合了西湖“平湖秋月”和“双峰插云”的精华而建，传说乾隆每逢八月十五要来欣赏这里湖上的金光灿烂。

“坐石临流”位于北远山村东边，复制了绍兴著名的兰亭，景内溪水周环，有西向正宇三间。

“夹镜鸣琴”位于福海东南，取自李白诗歌《秋登宣城谢朓北楼》“两水夹明镜，双桥落彩虹”。乾隆也有题诗“画舫平临蕴岸阔，飞楼俯映柳荫多。夹镜光微风四面，垂虹映界水中央”，此诗至今还残存于北大未名湖畔。意指水面如镜，长桥似虹。

“上下天光”位于后湖北岸，主体建筑为临湖的一幢二层高的楼阁，楼的上下各有三间，左右六角亭各一座，并有曲桥伸入湖中，有着“上下天水一色，天水上下相连”的气概。

除了圆明园的四十美景外，在长春园内也有一些绝佳风景。长春园是依据乾隆皇帝曾经居住的“长春仙馆”和其自封的“长春居士”来命名，乾隆皇帝精心营造，希望把它作为自己的退休之所，因主要是以游玩、观赏为目的，风格上自是显得活泼明快雅致。长春园是以山水为主的大型园林区，面积近70公顷，占圆明园总面积的五分之一，有数个景点，分布在中、东、西、北路。

中路：正殿为“澹怀堂”，由此过桥，北岸有“含经堂”“淳化轩”“蕴真斋”。

东路：有“如园”“鉴园”“映清斋”“玉玲珑馆”“大东门”楼宇上下各七间，东向。

西路：有“蒨园”“思永斋”“小有天园”“海岳开襟”。“海岳开襟”是长春园内最壮观的建筑，坐落在湖泽里的一个圆岛上，外观闪

烁着绿色和金光。有两层台阶，底层约 80 米长，上面一层约 70 米长，台阶上有一座三层四方形的亭子，亭顶有黄色的琉璃瓦。周围还有一些很壮观的建筑，石榴树若隐若现，远观似空中楼阁，近赏为人间仙境。满池荷花飘香，垂柳自在轻扬，花海灿烂，景色迷人。

北路：自东向西依次是“七孔桥闸”“狮子林”“泽兰堂”“宝相寺”“法慧寺”等建筑。

这些建筑中有一部分是仿江南名园所建，“谁道江南风景佳，移天缩地在君怀”。乾隆皇帝一生六下江南，烟雨迷离的江南秀色自是让他心生眷恋，所以才会在皇家园林内将它们一一仿造过来。这些景致有：狮子林、鉴园、如园、小有天园、蒨园。

狮子林是根据苏州名园“涉园”中的狮子林而建，占地约 13 亩，布满假山奇石，形态各异，玲珑可爱，生动有趣。

鉴园是仿扬州瘦西湖旁的“趣园”而建，这里“是处水周遭，楼台镜中睹。无尘清净界，有象琉璃宇”，有漱琼斋、芳晖楼、净绿榭等建筑。

如园是模仿南京徐达的“瞻园”所建，该园以叠山为主，有天然佳妙、秀林精舍、含碧轩、养云轩等景。

小有天园是乾隆探访汪之萼，参观杭州南平著名的石园别墅后仿制而来。庭院小而精致，布满花卉、山丘、洞穴及人工瀑布。

蒨园在建筑上很细致地采用了江南的技术，包含了朗润斋、湛景楼、菱香片、青莲朵、别有天、韵天琴、标胜亭、委婉藏等景致。其中“青莲朵”为一奇石，是临安德寿宫的旧物，又名“芙蓉石”。旁边还种一株古老苔梅，到了明朝，由画家孙杕、兰英将这一石一梅刻于石碑上，称为“梅石碑”。乾隆十七年，才将“芙蓉石”运至北京，置于蒨园。

长春园内还有另一处景致别具风味，这就是被称为“中国凡尔赛宫”的西洋建筑群。这组建筑占地约 395 亩，以巴洛克风格为主。整个建筑采用欧洲模式，包括巨柱、大理石栏杆和玻璃窗等材料被广泛应用，室内布置也多是欧式

风格，如悬挂壁毯、放置西洋贡品自鸣钟等，但也多少具有东方特色，如可以看到浅红的砖墙、鲜艳的琉璃瓦及中式装饰品竹亭、太湖石等，这是一座中西合璧的完美建筑，也是今天可以看到的残存的建筑群，是今天圆明园的标志。这组建筑群有谐奇趣、蓄水楼、万花阵、养雀笼、方外观、五竹亭、海晏堂、观水法、大水法、远瀛观、线法山、方河及线法墙。

谐奇趣是西洋楼中最早建成的一处建筑，是一座建在汉白玉石高台上的三层楼房，汉白玉柱上雕刻着精细仿罗马式的花纹，楼墙镶刻着五色琉璃花砖，屋顶覆以紫色琉璃瓦，显得华美异常。楼前有巨大的海棠式喷水池，环池有十八只铜雁作喷水状，另外有四只铜羊向池中喷水，旁边有两层高的蓄水楼为喷泉供水。这里的建筑充满异国风味，乾隆认为是“天谐奇趣”，故名“谐趣楼”。

养雀笼主要是饲养孔雀和外国珍禽，在配有镂花锯图案的精美铁门旁边，笼的墙壁上画满小船和雏鸡。

万花阵就是装饰园林的迷宫，中秋节时，皇帝会在这里观赏众多宫女手持花灯在迷宫中穿梭，并给那些最先找到出口的宫女以奖励。

方外观外表类似清真寺，楼体为大理石贴面，加刻回文装饰，传说是乾隆皇帝最宠爱的妃子香妃做礼拜的地方。方外观之南是游廊相连的五竹亭，精致玲珑。

海晏堂楼高二层，共十一间，富丽堂皇，是园内规模最大的建筑。三座门由三块巨石雕成的贝壳组成，远观似盛放的莲花。楼外有一巨大的喷泉，四周是十二生肖动物，每个时辰依次喷水，至中午，则同时喷水，甚为壮观。起初是设计为裸体女子，但因不符合中国礼制，后改为生肖。

大水法有许多金字塔结构、正式的水池以及由石头和贝壳装饰成的喷水池雕像。主池中的喷泉外形包括十只猎犬和一只梅花鹿，当水喷出时，会造成十犬逐鹿的景象。在这里还有皇帝的龙座，有华美的帐篷，后面是五块石雕屏风，上面雕刻着欧式武器。

远瀛观一度是香妃的居所，坐落在又大又高的台阶上，建筑物四周都有雕刻的大理石装

饰，这里曾悬挂六张法国国王路易十六送给乾隆的礼物——博韦地毯。

线法墙里面曾绘有中亚城镇和风光的图画，每一面墙各有五幅画。方河是一个 167 米长的湖泽，呈长方形。

圆明三园还有另外一个重要的皇家园林就是绮春园，绮春园是嘉庆主要园居的地方，位于长春园的南边，与圆明园和长春园相比，显得更古朴自如，富有自然之趣。

绮春园主殿是迎晖殿，中和堂由两道走廊连接着迎晖殿，并有一座巨大的庭院。敷春堂则是供皇太后和嫔妃居住的场所，后殿为阆月楼。绮春园较有名的景致有：敷春堂、清夏斋、涵秋馆、生冬室、四宜书屋、春泽斋、凤麟洲、蔚藻堂、中和堂、竹林院、喜雨山房、烟雨楼、含晖楼、澄心堂、畅和堂、湛清轩、招凉榭、凌虚亭等。

圆明园是清代皇帝精心而建，琼楼玉宇、山环水绕、花树繁茂、珍禽异类众多，既有皇家气概又有村野之趣，是恍若仙境的宫殿，是中国园林艺术的精华，是举世无双的艺术珍品。

三、严加守护：凛然不可侵犯

圆明园是一座恍若月宫的宫殿，既有勤政办公之所，又有游赏娱乐之处，景色宜人，所以皇帝才会一年中大部分时间都居住在圆明园内。据载，雍正每年在圆明园内居住最少是 185 天，最多竟达 247 天。乾隆在 1752 年这一年就在圆明园里居住了 175 天。皇家之地，自是要严加守护，再加上圆明园内奇珍异宝众多，为防止诸如偷窃行为的发生，也要有严格的规章制度来守护这座当时世界上最为壮丽的皇家园林。

圆明园的守卫工作可分内外两部分，在外，有八旗精兵守卫和绿营兵承担对圆明园周围地区的守卫，对内则是制定严格的赏罚制度，加强对太监等的管理。

清代以八旗统兵，八旗主力分驻京城内外，称为禁旅八旗，守卫京城、皇宫、圆明园及皇陵。雍正二年即设八旗护军营，围绕圆明园周围 15 公里的东、西、北三面。雍正三年，又设圆明园内务府三旗护军营，专门守卫这一禁苑。清代全盛时期，在畅春园建“阅武楼”一座，来检阅八旗护军营的士兵。除了圆明园护军营外，还有九门提督统领的巡捕五营，这主要是由汉人组成的部队，主要负责京城和京郊的防卫。从嘉庆六年开始，九门提督及右翼总兵也轮流在圆明园驻班，随时听候调遣。

圆明园附近的“汛守制”也就是清代绿营兵驻防的制度。绿营兵分为步兵、马兵和守兵三种，其驻防之地称为“汛地”。这主要是为了保证圆明园周围的地方治安。雍正时期，圆明园正式成为临朝听证之所，又增加了兵力，绿营兵由 620 人增至 1000 人，都是精挑细选的精于骑射之人。乾隆年间，又在

京城内外设巡捕营。道光初年，为了加强社会治安，保障圆明园附近的地方安宁，又实行保甲制，对附近村民进行排查，清除可疑之人。

为了圆明园内部的安全守卫，雍正时期在园内修筑了一些“堆子房”及守备、千总等房。据乾隆三十六年载，园内有驻防兵丁近 4000 人，还有一大批为皇帝服务的太监等。在嘉庆十年，园内太监总数已达 532 名。圆明园内还有大量的仆役，如园户、花匠、木匠、瓦匠、僧道等。庞大的人群，为便于管理，他们出入园内都要带腰牌，上面有这些人的姓名、年龄等基本情况，类似今天的身份证。另外制定严厉的赏罚制度，伴君如伴虎，稍有不慎就可能受到严厉处罚。如乾隆于 1744 年看到太监刘玉坐在栏杆上，认为这极其不雅，就把他交其主管，责以四十大板。同一天，一名当班的太监偷睡，同样遭到严厉的处罚。不仅太监如此，在 1787 年，内务府大臣福长安和金简因在“山高水长”施放烟火期间，点亮灯墩的时间落后于预定程序而遭到严厉惩戒。还有在 1796 年，因年迈的乾隆不满于烟火的平淡无味，责令那些负责采办烟火的官员要归还所有烟火的费用，并被罚停三到十个月的俸银。

圆明园里那些农田并不仅是作为欣赏风景之用，佃户必须像真正的农民那样辛勤劳动。1797 年，圆明园的麦子收成不好，立即引起管理人员的调查。当调查的结果是懒惰多于天气原因时，麦田的三个主管每人都被罚三个月的俸银，麦田村的头目受到最严厉的惩罚，被重打三十大板。这些看似微不足道的事都要受到如此重罚，那么园内的偷盗事件更是要严加惩办了。

1754 年，奉三无私殿的楼房突然失火，当火势被扑灭后，协助救火的太监王进福挖开灰烬时，发现大约 113 两白银。与他同事的太监崔文贵指认他偷盗，主事者即严肃处理此事。最后，这名太监被发配黑龙江为奴。对那些无心纵火的人则会给以更严厉的处罚。在 1756 年，“春宇舒和”失火，审判中，发现太

监杨明曾在打扫二楼时吸烟，被认为是失火的主要原因，因而被发往黑龙江的边陲为奴，太监曹玉善因没有阻止他吸烟，也被流放。这两个太监的主管也被指疏于职守，而被判戴枷锁两月，鞭打一百下，然后去做苦工。更高阶位的太监被罚一年的俸银，只有两个平时在场的工人因被临时调往其他地方而得到宽恕。

圆明园乃皇家禁地，没有命令，任何人不得入内，不得随意行走。意大利画家郎世宁在第一次进宫时，由太监引领，不得大声说话，甚至脚步声也要尽量轻。对园内的住户，更是时常检查，对那些太监或匠役的亲属，更是要驱逐出园。在 1757 年发现园内有黑户，让负责的官员十分难堪。补救的措施就是，对那些违反规定的人不论什么原因，一律清除出去，并一律重责一百大板。有几名太监也因此事而受到严厉惩处，因他们没有尽职小心核查园户。

任何人未经允许是不得入园的，即使在它破败后也是如此。李鸿章曾于 1896 年因好奇走进圆明园，遭到太监揭发，被光绪皇帝罚以摘去他的“三眼花翎”，后经慈禧周旋才改为罚缴一年俸禄作罢。

但在经过了一个多世纪的“小心火烛”后，圆明园毁于 1860 年的大火。精

心设防的护军营不敌英法联军的洋枪大炮，严禁入内的牌子也没有挡住洋人的铁骑肆意践踏。

四、劫难重重：昔日名园变作遗址公园

有一天，两个强盗闯进了圆明园，一个强盗大肆劫掠，另一个强盗放火焚烧。一个胜利者，装满了他的口袋，另一个看见了就塞满了他的箱子，然后他们手挽着手哈哈大笑地回到了欧洲，这就是两个强盗的历史。

——维克多·雨果

没有比焚掠圆明园这一胜迹更使人对洋夷恨之入骨的了。

——吕西安·博达

一切全被抢光，付之一炬。打个比方，等于凡尔赛宫和卢浮宫加国家图书馆统统毁于一旦。

——伯纳·布立赛

今日的圆明园不再有昔日的辉煌，在一定程度上它还是一个悲情名词，提到它，给人的第一感觉就是痛惜和屈辱。今人已经无法见到它的优雅、它的富丽堂皇，虽然科技的发达使人们可以借用数字技术来复原它，但那毕竟是影像中的。人们只能遥想它昔日的尊贵，只能在断壁残垣中冥想它的形貌，火烧圆明园留给人们的是代代相传的悲情记忆。绝美的艺术品在它完整时，人们会有欲望去保护它、欣赏它，而当它有了残缺时，人们会只看到它的物质层面，会将它层层剥离，直到再无价值。历经1860年的大火后，由于社会动荡，圆明园不断遭到劫难，终成今日的"遗址公园"。

19世纪，大清存在众多社会问题，官场腐败严重，卖官鬻爵，贪官横行；管理制度落后，沿用的仍是两千多年来的封建制度，等级森严，谈不上民主平等，礼教约束严重，人身自由受束缚；经济上是自给自足的自然经济，方式落后，效率低下；外交上盲目自大，闭关锁国，做着天朝上国的美梦。而与此相反的

是，西方国家经过工业革命后，经济实力增强，生产效率提高，更多的商品需要销售，国内供大于求，他们需要更广阔的海外市场，就把目光瞄准了古老的中国，但他们不满于这种状况，就开始向中国倾销鸦片。1839 年，林则徐广州“虎门销烟”严重侵犯了他们的利益，并给他们以侵略中国的借口。1840 年，第一次鸦片战争爆发，中国在战争中惨败，签订了第一个不平等条约——《中英南京条约》，法国、美国看到有利可图，也纷纷找借口与中国签订不平等条约，即《中法黄埔条约》和《中美望厦条约》。但这并没有引起道光皇帝的重视，他只是例行观看军事操演。古老中国的安于现状和自以为是，给它带来了更大的灾难。西方列强的胃口越来越大，经济的迅速发展，使他们不满于获得的既得利益，他们把中国当成了一块随时可以吃的肥肉。于是在 1856 年，英国借口亚罗号事件，法国借口马神父事件，发动第二次鸦片战争。1858 年，清政府签订了屈辱的《天津条约》。1860 年，英法联军由广州北上，8 月 1 日，在北塘登陆，战争在军粮城爆发，8 月 21 日，不费吹灰之力就占领了大沽，后在 8 月 26 日，占领天津，京师震动。9 月 21 日，咸丰皇帝在犹豫不决中放弃了亲自出征，而携贵族、官员、嫔妃和太监逃往热河行宫，京城诸事托付于恭亲王奕䜣。皇帝的仓皇逃脱即刻引起京城大乱，北京城周围的城门全都关闭，大批民众无论富庶都处于惊慌不安中，都想在这极度纷乱中逃出这座围城。

英军随军牧师麦吉在日记中写道：“出乎所有人的意料，战争竟然如此顺利。整整一天时间，我们只打死中国士兵，自己却几乎丝毫无损……”清军虽然英勇、奋不顾身、杀身成仁，但设备落后，强壮之躯也难敌炮弹的射击，法

军司令孟托邦将军被清军自杀式的攻击深深地震撼了，他说："假若清军有很好的武器，而且学会如何作战的话，我不知道他们会干出什么事来……"皇帝的逃跑、清军的无力抵抗，使英法联军如入无人之境般踏进圆明园这座恍如仙境的宫殿。

联军由英军在右，法军在左，组成两列军队，越过北京城，在几乎没有遇到任何抵抗的情况下聚集海淀。而恭亲王在敌军快要抵达之前，仓皇逃离圆明园。在 1860 年 10 月 6 日的晚上七点，法国军队先抵达圆明园，满族八旗将领任亮在前门附近战死，两名法国军官和士兵受伤。虽有几千人守护圆明园，但在现代化的装备面前，他们显得渺小虚弱，并且在没有重大抵抗的情况下就全部撤退。绝望的总管大臣文丰投湖自尽，常嫔受惊吓而死。英军于 10 月 7 日清晨抵达圆明园。这座极美的宫殿深深地令他们震撼了。英军随军牧师麦吉在日记中写道："这是《一千零一夜》的场景，是一种幻境，就是狂想也想不出我们眼前确实存在的现实。必须有一位诗人、画家、鉴赏家、历史学家和中国学者集于一身的人才能解释和形容……"法军的将领孟托班表示"在我们欧洲没有一样东西可以拿来对比这座园林的奢华"，他觉得无法用语言来形容"那壮丽的格局，尤其看到之后所引起的不可思议的感想"。英军首领额尔金赞美这座"夏宫"是"真正精美的事物，跟英国园林一样有无数的建筑和美观的厢房，里面摆满中国古董和精美的时钟、青铜器等等"。当这些英法联军游览这座皇家园林时，包括满族旗民在内的当地居民因惊慌不禁向这些侵略者下跪。随之而来的是英法联军洗劫圆明园。

英法互相指责是对方先开始抢劫的，一方面，法国人沉痛地说"英国人开始掠夺这座园林"；另一方面，英国人坚称"他们发现法国人在正大光明殿的入口扎营，所有东西都被劫掠一空，让人感到可惜"。英国人比法国人晚到，并暗示在他们到来时，每个房间有半数以上的财物都被取走或遭到破坏，但是，近代学者发现法国人抢劫财物是有限的，因为他们的马匹不多，而英国人就有很多马匹，"可以遍

及更大的范围，带走更多的重物”。不管怎样，是这批侵略者毁了圆明园。

“当军队一开始抢劫，就不容易去制止了。在那时刻，人类的本性使通过纪律来维持的基本约束全然崩溃，其结果是就连最好的军队，也会丧尽士气”。额尔金指出“每一百万磅的值钱财物里，至少有五万磅的损失”，应该说这个估计还是少的。抢劫是从 10 月 7 号开始的。到了 10 月 8 号，抢劫的规模越来越大了，英国人、法国人、印度人和非洲人，大约两万名士兵都开始肆无忌惮地抢劫。“每个人都渴望抢到点值钱的东西。军官和士兵、英国人和法国人以一种不体面的举止横冲直撞。多数法国人都拿着巨大的棍棒为武器，遇到不能挪动的东西，就捣个粉碎。……有的士兵头戴着皇后的红漆箱，另一些士兵半身都缠着织锦、绸缎，还有一些士兵把红宝石、蓝宝石、珍珠、水晶石等都装在自己的口袋里、帽子里，甚至把大珍珠做的项圈也挂到胸前。一些士兵为取下镶在家具上的宝石，就用斧头将家具毁坏。”法国侵略军满载物品的车辆足足走了一个多小时，而英国人的行李车队更长得出奇，足有两公里，珍贵的物品装满了他们的马车、弹药箱甚至冲洗炮管的水桶。对一些不能带走的，他们就疯狂地将其毁坏。另外为了公平起见，安慰那些因值班而没有抢到东西的人，格兰特将军号召所有士兵交出所抢物品，然后以拍卖会的方式公平分配。拍卖会持续了三天，每个士兵最终分到了 17 枚银元，约等于 4 磅黄金，士兵们对这次远征最为满意，很多士兵回国后靠变卖圆明园的文物都成了富豪，如英军陆军军官郝利斯，为了表示谢意，他们将一个雕满花纹的赤金酒壶送给了格兰特将军，三个最美丽的大花瓶送给了女王。

圆明园被洗劫后，咸丰皇帝决定答应联军的所有要求。10 月 9 日，英法联军撤出圆明园，13 日，占领安定门，10 月 16 日，英军勋爵额尔金决定烧毁圆明园。

1860 年 10 月 18 日凌晨，英军米启尔将军指挥 3500 名英军步兵和骑兵，开始有计划地烧毁圆明园。

大火染红西天，浓烟压城，许多中国人目睹了这一惨状。即将成为湖南巡抚的陈宝箴在北京的一座茶楼上看到浓烟从西北冒出时，失声痛哭。翰林编修吴可读在 1860 年 10 月 18 日的日记中写道："二十四日以后，北日见烟起。缘夷人到园后，先将三山陈设古玩尽行掳掠一空，后用火焚烧。复出告示张挂各处若议和不定，准于二十九日午刻攻城，居民务须远避，必致玉石俱焚等语。"恭亲王本人虽在城外，但看到浓烟四起、火光冲天，不禁感到极大的痛苦和愤慨。这场大火给清朝以致命一击，咸丰皇帝当场吐血，不久就下令与列强签订另一不平等条约——《北京条约》。10 月 23 日，恭亲王和联军主帅会面，接受新旧条约，包括附加赔偿 50 万两白银给曾经受到虐待的欧洲战俘。10 月 25 日和法国人举行仪式。10 月 26 日，举行官方宴会，并邀请了俄国和美国大使，结束了这场战乱。俄罗斯作为第三方获利最大，从国运衰落的清廷手里夺取黑龙江以北约 150 万平方公里的土地。

落后就要挨打，火烧圆明园留给中国人的是一代又一代的屈辱记忆。许多人至今也不明白，为什么要烧毁这座举世无双的皇家园林，只是为了打击咸丰皇帝一人，就毁掉这座艺术之宫，令多少人纠结痛心!额尔金勋爵的父亲汤姆·布鲁斯出使土耳其时，曾将帕特农神庙的柱廊运回英国，遭到了诗人拜伦的严厉指责："太无理与可耻的强盗""让仇恨追索他的贪念"。多年之后，没想到其子又干出更令人发指的事情！这就是自诩文明人

的西方人对“野蛮”的中国人所做的事情！

圆明园究竟损失多少，因档案被烧毁，已无从考证，失踪的文物也无迹可寻。今天在大英博物馆、巴黎图书馆、枫丹白露博物馆及纽约艺术博物院还能见到少量来自圆明园的文物，但大部分都下落不明。当年除了英法联军的侵略外，还有一些附近居民及地痞之类趁火打劫、浑水摸鱼，抢走不少文物。清廷曾命胜保主管追寻失物事宜，曾对附近地区进行搜查，但只找回一些小件物品，价值不大，对圆明园来说，不过沧海一粟，大部分珍贵物品下落不明。

1861 年 8 月，咸丰皇帝驾崩，年仅 30 岁。继承者同治皇帝曾在慈禧的暗示下一度对圆明园加以修复，而当时国库亏空，连年战争再加上巨额赔款，清朝政府已显出无能为力的迹象，但年轻的同治皇帝为了孝敬慈禧和自己享乐，仍费一国之资重修圆明园。尽管举步维艰，但在 1874 年圆明园工程停工之前，仍修复了一些建筑，恢复了一些景点。但 1900 年开始，更多的西方列强开始侵略中国，再加上国内的义和团运动，局势动荡，慈禧再次仓皇而逃，圆明园再次受劫。这次和 1860 年相比有过之而无不及，人数多而凶残，他们再次抢劫和纵火，范围更广，持续的时间也久。美国传教士丁韪良在抢掠现场看到，掠夺的场面只能用暴动来形容，非常多的中国俘虏遭到残暴的虐待和无情的杀害。新建成的颐和园和修复后的圆明园再次遭劫，这是一次更彻底的毁坏。虽然这八个国家在 1899 年都加入了海牙公约，明文禁止被视为理所当然的战时抢夺和恣意杀戮，但其行为再次令人不齿。他们不仅劫掠了圆明园，还抢劫了圆明园附近的一些贵族庄园。在冬天来临时，为了取暖，他们就把圆明园内的木门和窗框当做木材来烧。和 1860 年一样，为了分赃，他们再次成立了奖金委员会，并在英国的使馆举行拍卖会。

这次遭劫，使圆明园再无修复的可能，终于成了荒草满地的废墟，成为今天的遗址公园。列强军队撤离后，当地的地痞、流氓、无赖利用无政府状态大

肆抢劫能卖钱的东西，甚至那些在园内居住的旗民也开始趁火打劫。如1900年9月17日，百余名旗民不理会园内守卫的警告，手持斧头和铁锹闯入长春园内环形的“海岳开襟”。虽然被守卫击退，并且大部分人被杀死，但是没过多久，就有十六个旗民趁着湖水结冰时回来，随意洗劫圆明园。他们拉倒建筑物，用马车偷运木材，砍掉园内的松树、柏树来卖钱。经过这样一番洗劫，圆明园内的木质建筑和树木就此消失了。

动乱之后的巨额赔款，加重了清政府的财务压力，为了减轻负担，就减少了园内的守卫人数，而那些居住在园内的人便利用可乘之机进行偷窃。

清朝灭亡后，圆明园的管理就更加混乱，越来越多的人开始瞄准这座昔日的皇家园林。虽然圆明园仍有内务府在管理，但动荡不安的民国政府很少会履行诺言。没有防卫能力的皇室很容易沦为政客和军阀的牺牲品，不少清室的陵墓都被炸开盗宝，更何况这座颓败的皇家园林。

1915年，为了装饰北京繁华商业区的正阳门，内务部总长要求内务府批准，从圆明园西北角的安逸堂里搬走两只石麒麟。在同一年，北京的军方将领相中了圆明园的假山奇石。1919年秋天，数十名士兵放任地在文渊阁遗址上运走数十辆车的太湖石。清室向北京的步军统领衙门提出强烈抗议，但毫无用处。1919年，驻扎在西苑的边防军炮三营高副官在圆明园犯下掠夺的罪行，他们在光天化日之下闯入圆明园，并用三辆大车拉运砖块，溥仪提出严正抗议，但是那些执法者看到有利可图，也变成了抢劫者，清室这时已成了任人宰割的羔羊，丝毫没有自我保护的能力。1921年，有两营属于十六师的军人殴打婉言劝告他们的太监仆役，强行进入圆明园，拆掉舍卫城的城墙，搬走许多太湖石，花了整整两天时间来进行抢掠，而无人敢加以阻止。1924年，军阀张作霖控制了北京，从圆明园中搬走大量的汉白玉，运到辽宁去建造自己的墓地。与此同时，一名德国军火商从圆明园中搬走不同种类的建

材来建造自己的私家花园。圆明园不断被肢解，一点点地被蚕食。

除大量的笨重物料被挪走外，被太监、旗民及当地居民偷窃的小东西更是难以估计。时有谚语“筛土，筛土，一辈子不受苦”。这些人甚至希望从圆明园的土里筛出值钱的东西来。英国作家丹比在 20 世纪 30 年代发现“在北京许多简陋的石匠铺里，可以买到精美的、刻在石头上或大理石上的双花环、花朵和外国主题的雕像，这些石雕取自欧式建筑的宫殿，一两块钱就可以买到”。

关于是否重复修建圆明园也曾引起社会各界争议，方案不过三种：第一种认为，火烧圆明园是中华民族的耻辱，是中国在国力衰弱时的任人宰割，今天中国人民站起来了，经济形势也大为好转，重建圆明园可以向世界证明，中国强大起来了，可以把我们的自豪感向世界传布；第二种是考虑到修建圆明园所需要的天文数字般的经费，建议把一些景点恢复，作为游览胜地，这是比较折中的办法；第三种是建议保存现貌，把圆明园遗址作为一个爱国主义教育基地。圆明园之所以不同于其他园林，一方面在于它的不可复制，且不说复制圆明园所需的巨额资财，而且有些建筑技术也失传了，修复起来困难重重；另一方面是圆明园独有的惨痛历史，这段历史可以激发国人不忘国耻、奋发向上。面对今日的断壁残垣、一片荒凉，再遐想昔日的强盛繁华，会令人追古思今，有所感悟。

今天圆明园被开发为“遗址公园”，也对一些建筑稍加修葺，如绮春园的宫殿式大门、大约 7000 米长的围墙、海岳开襟、仙人承露台等，还有每年的荷花节也吸引游人驻足观赏。但随着商业化的加剧，圆明园也面临一些问题，如 20 世纪 90 年代，在圆明园内建立拙劣的艺术村，开发商在周遭建筑花园别墅，一条高速公路穿过圆明园遗址等。在商业驱使和都市化的发展下，如何更好地保护这一遗址确实值得人们思考。

五、文化追思：追根溯源鉴古知今

昔日琼楼玉宇、雕梁画栋、山秀水美、花如烟霞、林木葱葱、珍禽异类自在闲适，再加上汇聚天下奇珍异宝、古籍书册，使圆明园如诗如画，如梦如幻，恍若仙境，是当时世界上最为壮观美丽的皇家园林。今日圆明园，虽经修葺，但偶见断壁残垣、荒草丛生、石狮没倒丛中伤痕累累，不见昔日雄姿，柱廊斑驳，其上花纹似有若无，再闻昆虫声声，伤怀感叹之情油然而生。从昔日名园到今日废园，其中有很多意味值得我们仔细思考，值得我们追根溯源，原因何在？固然由于清朝当时经济、军事实力落后，不敌西方列强的洋枪大炮，才造成战败的惨剧，但更深一步追究，会发现其实问题早在康熙时期就已露端倪，再深一步就是中西文化之间的差异导致了古老中国在与西方列强的交锋中惨败。

中华文明最早发源于黄河流域，形成了以农耕为主的文明形式。农耕文明要求居住在一起的人重视血缘亲情，强调集体合作，尊卑有序，这样才有秩序、有法则可依，才能保证公正平等、互睦和谐。中国没有像西方那样有一个共同的精神寄托——基督教，但是中国人崇尚的是儒释道的哲学观念。以儒为尊，强调“学而优则仕”，追求“仁者爱人”“己所不欲，勿施于人”，君王要行“王道”，要实行“仁政爱民”。道家则讲究“天人合一”“师法自然”，表现出与世无争、逍遥洒脱的气质。佛家讲究因果轮回，人生在世，多做善事，便可来世富贵吉祥等。所以圆明园在整体上就表现出“虽由人作，宛自天开”的样貌来。古老的中国重视个人的修养，着重培养的是人的道德感，而不是一种理性思维或者说是科学思维，而表现出来的就是一种内敛型的文化形式。强调修

身养性的同时，也就会忽视对外在的接受，更不用说去扩张自己侵略他人，基本上就是“敌不犯我，我不犯敌”。当然这只是整体上表现出来的文化特征，若要仔细分析，会发现其实文化内部是开裂的，一个国家的各个不同的地区之间，文化就有差异，每个人又是独一无二的，人心各异。

而西方文明最早发源于爱琴海，是一种海洋文明。海洋文明更强调个人的拼搏、能力和才智。海洋漂泊不定、变化万千，人要不断与海洋相搏才能更好地生存，在海洋面前人的力量是渺小的，只有不断地征服，不断地改变才能更好地生活。这使西方文明在整体上表现出的是扩张型的文化形式，尊重个人，会用法则来保障每个人的公平，而不是依赖于宗法或血缘。另外西方更重视培养人的理性思维或者说是科技思维。虽然四大发明是中国人的骄傲，很多古老的发明早在古代就已经出现，但大规模地制造和运用却是在西方，火药就是其中一例。

文明无高下优劣之分，只是存在差异而已。但在清朝，皇帝安于现状、不思进取，或者说是统治者眼光有限，或者说是古老中国缺乏对科技的充分认识，才导致了一步落后、步步挨打的局面。在 19 世纪，确实是因为清政府的妄自尊大、愚昧无知才导致了战争的节节失利，以致几世精心而建的圆明园成为今日的废墟。以下有几件事情可说明清廷对科技的无视及对世界形势的把握不定。

康熙时期，意大利画家郎世宁来到中国，因其画艺出众被选作宫廷画师。他将一架新式的望远镜送给康熙皇帝，皇帝很感兴趣，用来观测天象。大臣们以为这只是一件西洋人进贡给皇帝玩的新玩意儿，只是娱乐罢了，并不清楚它背后有怎样的科技含义。尽管康熙皇帝对历法和数学很感兴趣，他不仅论述了如何解决直角三角形的问题，还给出了自己“以积求勾股”的方法，但这些并没有改变古老的中国不重视科技的现实。

乾隆时期，英使马戛尔尼出使中国。关于马戛尔尼是否给乾隆皇帝行九叩

之礼下跪，现在还众说纷纭，有说他确实按照中国官员参拜皇帝那样施礼下跪，有说他只是单膝着地，也有说他没有下跪。但乾隆皇帝在上谕中很明确地表示，为了维护在殿堂内行跪拜这个行之已久的礼仪，他不会容忍任何人不行此礼，他甚至强调，即使英国国王亲自来朝，也要行此大礼。这里就表现出了中西文明之间的差异，在西方，跪拜被认为是一种屈辱的行为，代表臣服之意，而在中国，是表示尊敬之意，仅是一种礼仪。如果英国大使拒绝行跪拜之礼的话，清帝是不可能邀请他和随员参加夜宴并观赏烟火的。而且军机处档案及俄罗斯口译人员瓦里底基也证实这位英国大使是行了三跪九叩之礼的，不过很可能是在极不情愿的情况下行使的。因为当时清朝国力强盛，而英国为了和中国进行贸易往来不得不如此。但最后乾隆皇帝还是断然拒绝了和英国进行贸易往来的要求，认为“此于天朝体制不合，断不可行”，“天朝物产丰盈，无所不有，原不借外夷货物以互通有无”。最后实际上是将马戛尔尼等人驱逐出境，这也表明了乾隆皇帝下决心闭关锁国，决不让“外夷”与天朝上国平起平坐。但这位英使在离开中国时说了这样一段话：“大清帝国好比是一艘破烂不堪的头等战舰，它之所以在过去一百五十年中没有沉没，仅仅是由于它的体积和外表。但是，一旦一个没有才干的人在甲板上指挥，那就不会再有纪律和安全了。”从以后的历史来看，此话颇具有预言性。其实当时马戛尔尼进贡的礼物中除天文仪器、地球仪、天体仪、天文地理音乐钟、测量仪，其实最醒目的是英国当时最新的战舰模型及六门小型加农炮，但是从皇帝到大臣无一人认识到这背后的科学意

义，反而只关心外国人离开后，中国人能否摆弄这些玩意儿。乾隆皇帝甚至认为这些大炮与实行仁政有碍，而将它们一一封起。当1860年，英法联军占领圆明园，还惊讶地看到这些大炮依然保存完好，他们不明白的是，为什么中国人宁愿以血肉之躯英勇抵抗而不用这些杀伤力极强的大炮。还有在圆明园内发现由马戛尔尼进贡的三辆轻便马车，其中两辆依然运作良好，而乾隆皇帝依然乘坐笨重的马车。这个原因有人这样解释，因为这些驾马的人坐在隆起的箱子上，高于皇帝的座位，并且背对着他，这些严重不符合皇帝高高在上的情况，所以乾隆皇帝宁愿牺牲现代工具的便利，也要维持自己御座的尊严。尊卑有序，恪守礼制，三纲五常，这些都是封建社会极力维护的。这也可看出，即使英明如乾隆皇帝也依然不重视科技，做着天朝上国的美梦。

如果说乾隆时期国力强盛，还可迫使英使下跪，断然拒绝贸易往来，那么到了嘉庆时期，情况已有所不同，此时，英国的国力经过工业革命后已大为增强。1816年，伦敦又派阿美士德伯爵第二次访华。嘉庆皇帝只是把他们当做一般的异邦进贡，起初还安排宴会，带领他们游览圆明园，而并没有意识到英国强大的武力。这一次，阿美士德抵达天津后，表示他愿意脱下帽子三次和点头九次来做为对中国皇帝的敬意，但是中国官员严厉拒绝，他们明确表示马戛尔尼已经施过大礼，他们也应该行跪拜礼，如果不遵从，皇帝是绝对不会接见他们的。这种争议引起双方不快。后中国官员斥责英国人妄自尊大与态度恶劣，在这种情况下，嘉庆皇帝勃然大怒，立即终止一切使节团的活动，这等于是驱逐他们出境。后嘉庆在给英国国王的国书里，特别抱怨阿美士德拒绝接受马戛尔尼在1793年行过的跪拜礼，他直截了当地把责任推给阿美士德。

从以上可看出，清廷一直在极力排外，认为自己地大物博，不需要与异邦

互通有无，对礼仪的不同理解，造成了双方的冲突。而在今天看来，确实应该尊重不同民族的习俗，做到互让互谅。二十多年后，英国人就用武力强行打开了中国大门。即使如此，当时的官员依然对敌人缺乏足够的了解，认为其从海上来，若登陆，必然两腿发软、浑身无力，到时可一举歼敌，这完全是愚昧之见。

不进则退，落后就要挨打。清廷的一再自闭，并没有阻挡住西方国家的虎视眈眈，为了海外市场，为了开拓更多的殖民地，在利益的驱使下他们必然再次侵略。西方整体表现出的是一种扩张型或者说是外向型的文化特质，古老中国的一再退避，并不是解决之道。经过一番战争，在中华民族衰亡的边缘，中国人民才团结一致奋力抗敌，磨难重重才建立今日之新中国。从文化上来说，这是典型的"敌不犯我，我不犯敌"的心态，中国人安土重迁，乐于在自己的一方天地里建设自己的家园，但是，这样容易遮蔽双眼，看不清未来，看不见自己以外的世界，还容易陷入无知的自负中。故而要内外兼修，丰富文化的多元性，走出自己的小天地，走向多样的世界。这也许就是从中得到的启示，鉴古知今，只是希望历史的悲剧不再重演。

圆明园这座昔日举世无双的皇家园林，因其奢华辉煌而闻名于世。它既有中国传统帝王宫苑的庄严华美气概，又有诗画意境之美，烟雨朦胧、温婉雅致；它汇集天下珍宝，古玩玉器、丝绸绫罗、珍贵毛皮甚至古籍书册，是一座价值

无法估量的博物馆；它是清代皇帝园居之所，是游赏玩乐之地，也是行政中心，即所谓“政从园出”；有清一代帝王精心营建，从康乾盛世到晚清傀儡，无论国库是否充盈，这些帝王都不惜资财尽力扩建、修复，它见证了一个帝国的历史；它从昔日名园变作今日遗址公园，劫难重重，历经沧桑。圆明园的文化内涵是说不尽的，它留给我们丰富的文化遗产和深远的文化思考，值得我们这些后人一再追思。

承德避暑山庄与外八庙

河北承德避暑山庄是清朝皇帝为了实现安抚、团结中国边疆少数民族，巩固国家统一的政治目的而修建的一座行宫，是其避暑和处理政务的场所，为中国著名的古代帝王宫苑，是中国三大古建筑群之一。在避暑山庄东面和北面的山麓，分布着宏伟壮观的寺庙群，这就是外八庙，共占地47.2万平方米。外八庙金碧辉煌、雄伟壮观，如众星捧月，环绕山庄，它象征民族团结和中央集权。

一、承德避暑山庄与外八庙简介

承德避暑山庄又名承德离宫或热河行宫，位于今河北省历史文化名城——承德市中心区以北，武烈河西岸一带狭长的谷地上，距离北京230公里。它始建于康熙四十二年（1703年），中经雍正帝，建成于乾隆五十七年（1792年），历时八十九年。山庄占地564万平方米，环绕山庄蜿蜒起伏的宫墙长达万米，是中国现存最大的古典皇家园林，相当于颐和园的两倍，北海公园的八倍。与北京紫禁城相比，避暑山庄以朴素淡雅的山村野趣为格调，取自然山水之本色，吸收江南塞北之风光。

当年康熙皇帝在北巡途中，发现承德这片地方地势良好，气候宜人，风景优美，又直达清王朝的发祥地——东北，是清朝皇帝家乡的门户，还可俯视关内，外控蒙古各部，于是选定在这里建行宫。康熙四十二年（1703年）开始在此大兴土木，疏浚湖泊，修路造宫，至康熙五十二年（1713年）建成三十六景，并建好山庄的围墙。

山庄的建筑布局大体可分为宫殿区和苑景区两大部分。宫殿区位于湖泊南岸，由正宫、松鹤斋、万壑松风和东宫四组建筑组成，地形平坦，是皇帝处理朝政、举行庆典和生活起居的地方，占地十余万平方米；苑景区又分为湖泊区、平原区和山区。湖泊区在宫殿区的北面，湖泊面积包括州岛约占43公顷，有八个小岛屿，将湖面分割成大小不同的区域，层次分明，洲岛错落，碧波荡漾，富有江南鱼米之乡的特色。东北角有清泉，即著名的热河泉。平原区在湖区北面的山脚下，地势开阔，有万树园和试马埭，碧草茵茵，林木茂盛，尽展茫茫草原风光。山区在山庄的西北部，面积约占全园的五分之四，这里山峦起伏，沟壑纵横，众多楼堂殿阁、寺庙点

缀其间。

整个山庄东南多水，西北多山，是中国自然地貌的缩影，内有康熙、乾隆钦定的七十二景，拥有殿、堂、楼、馆、亭、榭、阁、轩、斋、寺等建筑百余处。它的最大特色是山中有园，园中有山。

在避暑山庄东面和北面的山麓，分布着宏伟壮观的寺庙群，这就是外八庙，共占地 47.2 万平方米，其名称分别为溥仁寺、溥善寺（已毁）、普乐寺、安远庙、普宁寺、须弥福寺之庙、普陀宗乘之庙、殊像寺。外八庙金碧辉煌、雄伟壮观，如众星捧月，环绕山庄，它象征民族团结和中央集权。清朝建国初期，就奉行扶持喇嘛教的政策，以此笼络中国的西方和北方的少数民族。为此在营建避暑山庄的同时，在其周围依照西藏等地喇嘛教寺庙的形式修建喇嘛教寺庙群，供西方、北部少数民族的上层及贵族朝觐皇帝时礼佛之用。每处寺庙都像一座座丰碑，记载着清朝统一和团结的历史。这些庙宇多利用向阳山坡层层修建，主要殿堂耸立突出、雄伟壮观。

外八庙以汉式宫殿建筑为基调，吸收了蒙、藏、维等民族建筑艺术特征，在这里可以瞻仰西藏布达拉宫的气势、浏览日喀则扎什伦布寺的雄奇、领略山西五台山殊像寺的风采、欣睹新疆伊犁固尔扎庙的身影，还可以看到世界最大的木制佛像千手千眼观世音菩萨。外八庙创造了中国多样统一的寺庙建筑风格，寺庙殿堂中，完好地保存和供奉着精美的佛像、法器等近万件，共同构成了 18 世纪中国古代建筑富于融合性和创造性的杰作。

山庄整体布局巧用地形，因山就势，分区明确，景色丰富，与其他园林相比，有其独特的风格。山庄宫殿区布局严谨，建筑朴素，苑景区自然野趣，宫殿与天然景观和谐地融为一体，达到了回归自然的境界。山庄融南北建筑艺术之精华，园内建筑规模不大，殿宇和围墙多采用青砖灰瓦、原木本色，淡雅庄重，简朴适度，与京城的故宫，黄瓦红墙，描金彩绘，堂皇耀目呈明显对照。山庄的建筑既具有南方园林的风格、结构和工程做法，又多沿袭北方常用的手法，成为南北建筑艺术完美结合的典范。

避暑山庄及周围寺庙是一个紧密关联的有机整体，同时又具有不同风格的强烈对比，避暑山庄朴素淡雅，其周围寺庙金碧辉煌。由于存在众多群体的历史文化遗产，使避暑山庄及周围寺庙成为国家级重点文物保护单位、全国十大名胜、全国首批二十四座历史文化名城和四十四处风景名胜保护区之一。

二、承德避暑山庄的文化

（一）列入《世界遗产名录》

承德避暑山庄和周围寺庙于 1994 年根据文化遗产遴选标准被列入《世界遗产名录》。

世界遗产委员会评价：承德避暑山庄，是清王朝的夏季行宫，位于河北省境内，修建于 1703 年到 1792 年。它是由众多的宫殿以及其他处理政务、举行仪式的建筑构成的一个庞大的建筑群。建筑风格各异的庙宇和皇家园林同周围的湖泊、牧场和森林巧妙地融为一体。避暑山庄不仅具有极高的美学研究价值，而且还保留着中国封建社会发展末期的罕见的历史遗迹。

（二）避暑山庄的文化遗产价值

避暑山庄及周围寺庙，以其自身所具有的突出价值，构成世界文化遗产的重要组成部分。

它是清朝的园林式皇宫，具有丰富的社会政治历史意义。它是中国清朝皇帝为了实现安抚、团结中国边疆少数民族，巩固国家统一的政治目的而修建的一座夏宫。避暑山庄兴建后，清帝每年都用大量时间在此处理军政要事，接见外国使节和边疆少数民族政教首领，使这里成为清朝的第二个政治中心。乾隆在这里接见并宴赏过厄鲁特蒙古杜尔伯特台吉三车凌、土尔扈特台吉渥巴锡，

以及西藏政教首领六世班禅等重要人物，还在此接见过以特使马戛尔尼为首的第一个英国访华使团。清帝嘉庆、咸丰皆病逝于此。1860 年，英法联军进攻北京，清帝咸丰逃到避暑山庄避难，在这座房子里批准了《中俄北京条约》等几个不平等条约。影响中国历史进程的“辛酉政变”亦发端于此。随着清王朝的衰落，避暑山庄日渐败落。避暑山庄不仅有丰富的文化内涵，同时，是中国这一统一的多民族国家巩固和发展的象征，也是一部研究 18 世纪中国历史的教科书和一座拥有珍贵历史文化遗产的博物馆。这里发生的一系列重要事件、保留的重要遗迹和重要文物，成为中国多民族统一国家最后形成的历史见证。

避暑山庄及周围寺庙是中国古代帝王宫苑与皇家寺庙完美融合的典型范例。避暑山庄及周围寺庙产生于中国封建社会最后一个盛世——康乾盛世，历经康雍乾三代帝王，历时八十九年，集中全国人力物力建造而成。它是帝王苑囿与皇家寺庙建筑经验的结晶，成为与私园并称的帝王宫苑体系中的典范之作。园林建造实现了“宫”与“苑”形式上的完美结合和“理朝听政”与“游戏娱乐”功能上的高度统一。寺庙建筑群也同样具有鲜明的政治色彩和政治功用。

避暑山庄及周围寺庙，是中国现存最大的古代帝王苑囿和皇家寺庙群，它标志中国古代造园与建筑艺术的巨大成就。它集中国古代造园艺术和建筑艺术之大成，是极具创造力的杰作。在造园上，它继承和发展了中国古典园林“以人为之美入自然，符合自然而又超越自然”的传统造园思想，总结并创造性地运用了各种造园素材、造园技法，使其成为自然山水园与建筑园林化的杰出代表。在建筑上，它继承、发展并创造性地运用各种建筑技艺，撷取中国南北名园名寺的精华，仿中有创，表达了“移天缩地在君怀”的建筑主题。在园林与寺庙、单体与组群建筑的具体构建上，避暑山庄及周围寺庙实现了中国古代南北造园和建筑艺术的融合，它囊括了亭台阁寺等中国古代大部分建筑形象。展示了

中国古代木架结构建筑的高超技艺，并实现了木架结构与砖石结构、汉式建筑形式与少数民族建筑形式的完美结合。加之建筑装饰及佛教造像等中国古代最高超技艺的运用，构成了中国古代建筑史上的奇观。

避暑山庄及周围寺庙是世界了解中国文化的实物资料。避暑山庄及周围寺庙不论是造园还是建筑，都不仅仅是素材与技艺的单纯运用，而是把中国古典哲学、美学、文学等多方面文化的内涵融注其中，使其成为中国传统文化的缩影。

正因为如此，这样一座具有世界性突出普遍价值的艺术杰作，只有列入世界文化遗产加以保护才能使其得以永久传世，并更好地发挥其所具有的世界意义。

三、承德避暑山庄的历史

康熙二十年（1681年），清政府为加强对蒙古地方的管理，巩固北部边防，在距北京三百五十多公里的蒙古草原建立了木兰围场。每年秋季，皇帝带领王公大臣、八旗军队乃至后宫妃嫔、皇族子孙等数万人前往木兰围场行围狩猎，以达到训练军队、固边守防之目的。为了解决皇帝沿途的吃、住，在北京至木兰围场之间，相继修建二十一座行宫，热河行宫——避暑山庄就是其中之一。

避暑山庄，从康熙四十二年（1703年）开始兴建，到乾隆五十七年（1792年）竣工，历时八十九年，经历了康熙、雍正、乾隆三代皇帝。整个营造过程，大体分为康熙初建和乾隆扩建两个阶段。

第一阶段：承德避暑山庄之康熙初建阶段（1703-1713年）。

康熙皇帝亲自“择址相地”相中了热河这块风水宝地，决定在这里修建行宫。康熙四十二年（1703年），热河行宫正式破土动工。

首先是疏通河道，修筑堤坝，将武烈河向东推移，扩大热河行宫的面积。然后是开阔湖区，形成洲岛堤岸。按照古代“一池三山”之说修筑了芝径云堤、环碧岛、如意洲、月色江声岛。随着洲岛的形成，岛上的宫殿和湖畔的亭榭也相继竣工。到1708年，已经初步形成十六景：澄波叠翠、芝径云堤、长虹饮练、双湖夹镜、暖流暄波、万壑松风、曲水荷香、西岭晨霞、芳渚临流、金莲映日、锤峰落照、南山积雪、梨花伴月、石矶观鱼、莺啭乔木、莆田丛樾。随后，延熏山馆、水芳岩秀、云帆月舫、一片云、萍乡泮、龙王庙、金山岛也先后建成。

之后，又修建了正宫。正宫原来设在如意洲上，由于受洲岛的限制，宫殿狭小。康熙命人将万壑松风西南的土丘铲掉，形成一块宽敞开阔的台地，在这块台地上盖起了正

宫。正宫建成后，康熙皇帝于康熙五十年题写了“避暑山庄”四个大字，刻制成镏金云龙陟匾挂于内午门上，热河行宫正式定名为“避暑山庄”。康熙将正宫的寝宫“烟波致爽”殿定为三十六景的第一景，与已经建成的建筑或景观组成三十六景，每一景都题诗写序，介绍其位置和意境。至此，康熙三十六景初具规模。

后来，在已经修好的澄湖、如意湖、上湖、下湖、西湖、半月湖这六大湖泊的基础上，又向东开辟了镜湖、银湖；在下湖的水闸上修建了三座重檐亭榭；在东湖区域内修建了“清舒山馆”；修建了高大的宫墙等。康熙五十二年（1713年），避暑山庄已初具规模。

第二阶段：承德避暑山庄之乾隆扩建阶段（1741−1754年）。

乾隆皇帝即位后，对避暑山庄进行了大规模扩建，增建宫殿和多处精巧的大型园林建筑。乾隆仿其祖父康熙，以三字为名又题了“三十六景”，合称为避暑山庄七十二景。

康熙五十二年至乾隆四十五年（1713−1780年），伴随避暑山庄的修建，周围寺庙也相继建造起来。后来统称为“外八庙”。

中华人民共和国成立以后，避暑山庄及周围寺庙得到了充分重视和妥善保护。

2007年5月8日，承德避暑山庄及周围寺庙景区经国家旅游局正式批准为国家5A级旅游景区。避暑山庄与北京的颐和园、苏州的拙政园、苏州的留园并称为中国四大名园。

四、承德避暑山庄的布局

避暑山庄借助自然和野趣的风景，形成了东南湖区、西北山区和东北草原的布局，共同构成了中国版图的缩影。避暑山庄这座清帝的夏宫，以多种传统手法，营造了一百二十多组建筑，融会了江南水乡和北方草原的特色，成为中国皇家园林艺术荟萃的典范。避暑山庄按照地形地貌特征进行选址和总体设计，完全借助于自然地势，因山就水，顺其自然，同时融南北造园艺术的精华于一身。它是中国园林史上一座辉煌的里程碑，是中国古典园林艺术的杰作，享有“中国地理形貌之缩影”和“中国古典园林之最高范例”的盛誉。

承德避暑山庄的建筑布局大体可分为宫殿区和苑景区两大部分。

（一）宫殿区

宫殿区位于避暑山庄南部，是皇帝处理政务和帝后居住的地方，占地 10.2 万平方米，是山庄总面积的五十分之一。东北接平原区和湖区，西北连山区。其建筑形式采取北方四合院式布局，层层递进，纵深发展。主体建筑居中，附属建筑置于两侧，基本均衡对称，充分利用自然环境而又加以改造，使自然景观与人文景观巧妙结合，使避暑山庄宫殿建筑园林化。整个建筑全部采用青砖灰瓦，不施重彩，形成朴素淡雅之格调，同时又显示出皇家园林的气派。

宫殿区由正宫（被辟为避暑山庄博物馆）、松鹤斋、东宫（已毁）和万壑松风四组建筑组成。正宫是宫殿区的主体建筑，包括九进院落，分为“前朝”“后寝”两部分。主殿叫“澹泊敬诚”，用珍贵的楠木建成，因此也叫楠木殿。宫殿

区是清帝理朝听政、举行大典和寝居之所。建筑风格朴素淡雅，但不失帝王宫殿的庄严。正宫现辟为博物馆，陈列清代遗留下来的宫廷文物。正宫区藏有珍贵文物两万余件。其后的殿堂分别叫“四知书屋”“烟波致爽”“云山胜地”等，是皇帝处理朝政、读书和居住的地方。“烟波致爽”殿是一座五开间平房。

1. 正宫

正宫是宫殿区的主体建筑，正宫建于康熙五十年至五十二年，乾隆十九年（1754 年）重新修缮，改建。它南起丽正门，北邻塞湖，西连群山，东接松鹤斋，占地 10000 平方米。

根据我国古代天子“身居九重”的传统，在此建造了九进院落，分别是丽正门、午门、阅射门、澹泊敬诚殿、四知书屋、十九间照房、烟波致爽殿、云山胜地楼、岫云门等。主体建筑位于中轴线上，两侧对称置有配殿和回廊等。

整个正宫以万岁照房分为前朝、后寝两大部分。前朝是皇帝处理军机政务的“办公区”，主体建筑是澹泊敬诚殿（俗称楠木殿）、四知书屋。后寝是皇帝和后妃们日常起居的“生活区”，主要建筑是烟波致爽殿、云山胜地楼东所和西所。在建筑格调上，前朝庄严肃穆，后寝则广植花木、堆垒假山，透着几分园林气息。正宫的背后（北面及东北、西北）是避暑山庄的苑景区，再后是扇形排开的十二座皇家寺庙，这种众星捧月式的布局是“皇权至圣至尊”“天下皇帝为中心”思想的体现。

2. 松鹤斋

康熙时，皇太后来避暑山庄，居住在西峪的松鹤清樾。乾隆十四年（1749年），乾隆帝在正宫东面另建一组八进院落的建筑，题名松鹤斋，以供皇太后居住。当年，松鹤斋内“常见青松蟠户外，更欣白鹤舞庭前”。庭院中还有驯鹿悠游其间。绥成殿后依次有照房十五间，门殿三间，大殿七间名为乐寿堂，后改名为悦性居，是皇太

后的寝宫。绥成殿、十五间照房、门殿建筑早已无存。乐寿堂仅剩基址，1998 年复建。

3. 东宫

在松鹤斋的东面，地势比正宫和松鹤斋低。东宫的前面宫墙上另辟大门，称德汇门，为重台城门，形制与丽正门相仿。进入德汇门后，中轴线上的主体建筑依次有门殿七间、正殿十一间、清音阁、福寿阁、勤政殿、卷阿胜境殿。1945 年，东宫失火被烧毁，现仅存基址。其中，清音阁俗称大戏楼，与现存故宫畅音阁、颐和园中德和园大戏楼形式相近，阁高三层，外观雄伟。

4. 万壑松风

康熙帝经常在这里接见官吏，批阅奏章，读书写字。1722 年，康熙发现皇四子和硕雍亲王胤禛之第四子弘历（乾隆帝）聪明伶俐，十分喜爱，于是传旨，命将弘历送入宫中。这年的夏天，弘历由父母带领，随祖父前往承德避暑山庄。康熙将避暑山庄的侧堂“万壑松风”赐给弘历居住，平时进宴或批阅奏章，都要乾隆侍奉在旁，朝夕教诲。弘历即位后，将这座殿宇题名为纪恩堂。乾隆三十年，乾隆写《避暑山庄纪恩堂记》，纪念康熙皇帝对他的眷顾养育之恩。

（二）苑景区

苑景区又可分成湖区、平原区和山区三部分。

1. 湖区

苑景区的精华基本上在湖区。湖区位于山庄东南，面积 49.6 万平方米。有大小湖泊八处，即西湖、澄湖、如意泅、上湖、下湖、银溯、镜溯及半月湖，统称为塞湖。

康熙、乾隆帝钦定的七十二景有三十一景在湖区。康熙曾夸耀说，“天然风景胜西湖”。这说法并非夸张，湖区虽然没有颐和园的昆明湖那么大，但是山庄的湖独具神韵，由于洲岛错落，湖面被长堤和洲岛分割成五个湖，各湖之间又有桥相通，两岸绿树成荫，山庄主要的风景建筑又都散落在湖区的周围，因

此显得曲折有致，秀丽多姿。从景观丰富角度来说，比西湖确有其“胜”。

此区总体结构以山环水、以水绕岛，布局运用中国传统造园手法，组成中国神话传说中的神仙世界的构图。多组建筑巧妙地营构在洲岛、堤岸和水中，展示出一派安静祥和的水乡风貌。

湖区的风景建筑大多是仿照江南的名胜建造的，如“烟雨楼”，是模仿浙江嘉兴南湖烟雨楼的形状修的。金山岛的布局仿自江苏镇江金山。湖中的两个岛分别有两组建筑，一组叫“如意洲”，一组叫“月色江声”。“如意洲”上有假山、凉亭、殿堂、庙宇、水池等建筑，布局巧妙，是风景区的中心。“月色江声”是由一座精致的四合院和几座亭、堂组成。每当月上东山的夜晚，皎洁的月光，映照着平静的湖水，山庄内万籁俱寂，只有湖水在轻拍堤岸，发出悦耳的声音，“月色江声”的题名便是由此而来。

2. 平原区

平原区位于山庄北部，即澄湖之北，直至西北山麓，占地 60.7 万平方米。平原区主要是一片片草地和树林。其中又分为西部草原和东部林地。草原以试马埭为主体，是皇帝举行赛马活动的场地。林地称万树园，是避暑山庄内重要的政治活动中心之一。当年这里有万树园，园内一切布置均仿蒙古族风俗，形成一派草原风光：有不同规格的蒙古包二十八座。其中最大的一座是御幄蒙古包，直径达七丈二尺，是皇帝的临时宫殿，乾隆经常在此召见少数民族的王公贵族、宗教首领和外国使节，他在这里接见并宴赏过厄鲁特蒙古杜尔伯特台吉三车凌、土尔扈特台吉渥巴锡，以及西藏政教首领六世班禅等重要人物，还在此接见过以特使马戛尔尼为首的第一个英国访华使团。

万树园西侧为中国四大皇家藏书名阁之一——文津阁。另外还有永佑寺、春好轩、宿云檐等建筑点缀在草原、林地之间。康熙时期，沿湖岸建有“莆田丛樾”“莺啭乔木”“濠濮间想”“水流云在”四亭，各有意境。

3. 山区

避暑山庄的山区，耸峙于西北部，最高处海拔 510 米，与湖区、

平原区海拔相差 180 米。这里峰峦起伏，沟壑纵横，林木茂密，四时景色各异。

山区位于避暑山庄西北部，犹如绿色的天然屏障。其面积 443.5 万平方米，占了整个园林面积的五分之四。从西北部高峰到东南部湖沼、平原地带，形成了群峰环绕、沟壑纵横、峰岩清流的景象。山谷中清泉涌流，密林幽深。自北而南而西，有“松云峡”“梨树峪”“松树峪”“榛子峪”“西峪”等数条峡谷，是通达山区的主要游览路线。山峦之中，古松参天，林木茂盛，原建有四十多组轩斋亭舍、佛寺道观等建筑，但多已只存基址。

山区多处园林解放前多遭破坏，但现在山区景物仍然十分迷人，其中最引人注目的是遥相对立的两个山峰上的亭子，一个叫“南山积雪”，一个叫“四面云山”。在亭子上远眺，山庄的各处景点，山庄外的几座大庙，以及承德市区，周围山上的奇峰怪石，都可以一览无余。在另一座山峰上还有一座亭子叫“锤峰落照”，在这里磬锤峰首先映入眼帘，每当夕阳西照，磬锤峰被红霞照得金碧生辉。

五、承德避暑山庄景点

承德避暑山庄大小建筑有一百二十多组，其中康熙以四字组成三十六景，乾隆以三字组成三十六景，这就是山庄著名的七十二景。

康熙朝定名的三十六景是：烟波致爽、芝径云堤、无暑清凉、延薰山馆、水芳岩秀、万壑松风、松鹤清樾、云山胜地、四面云山、北枕双峰、西岭晨霞、锤峰落照、南山积雪、梨花伴月、曲水荷香、风泉清听、濠濮间想、天宇咸畅、暖流喧波、泉源石壁、青枫绿屿、莺啭乔木、香远益清、金莲映日、远近泉声、云帆月舫、芳渚清流、云容水态、澄泉绕石、澄波叠翠、石矶观鱼、镜水云岑、双湖夹镜、长虹饮练、莆田丛樾、水流云在。

乾隆朝定名的三十六景是：丽正门、勤政殿、松鹤斋、如意湖、青雀舫、绮望楼、驯鹿坡、水心榭、颐志堂、畅远台、静好堂、冷香亭、采菱渡、观莲所、清晖亭、般若相、沧浪屿、一片云、萍香泮、万树园、试马埭、嘉树轩、乐成阁、宿云檐、澄观斋、翠云岩、罨画窗、凌太虚、千尺雪、宁静斋、玉琴轩、临芳墅、知鱼矶、涌翠岩、素尚斋、永恬居。

（一）烟波致爽

烟波致爽在避暑山庄正殿澹泊敬诚殿之后，为清帝的寝宫，建于康熙四十九年（1710年）。康熙帝谓此“四周秀丽，十里平湖，致有爽气”，是夏季消夏避暑的胜境，故康熙皇帝题名“烟波致爽”，为“康熙三十六景”第一景。

此殿面阔七间，进深三间，卷棚歇山顶，前廊后厦，两侧以半封闭的走廊与门殿相通。庭院中散缀山石、野花，芳草遍地，十分自然。此殿外表淡雅，而殿内陈

设富丽堂皇，各代金、银、玉、钟表、古玩、挂屏等达一千余件，满目琳琅。正中三间设有宝座，上悬康熙皇帝题“烟波致爽”，下为一斗大的“福”字。正殿东西两侧各有一小跨院，为东所、西所，有侧门与正殿相通。咸丰十年（1860年），英法联军入侵北京，咸丰帝携东、西宫等后妃出北京至热河避难，即居于此殿，慈禧居于西跨院，慈安住在东跨院。

嘉庆和咸丰帝俱病逝于此。

（二）芝径云堤

在避暑山庄万壑松风之北，建于清康熙四十二年（1703年），为“康熙三十六景”第二景。是仿效杭州西子湖的苏堤构筑的，夹水为堤，逶迤曲折，形似芝字。此堤连接三岛：采菱渡、月色江声、如意洲。堤穿湖而行，为湖区主要风景观赏路线。入夏以后，漫步长堤，满眼苍翠碧绿，四周胜景层层，步挪景动，百态千姿，绿柳袅袅，大有西子湖中“苏堤春晓”之风韵。康熙帝初建避暑山庄，疏导湖区时，亲自度量设计，其《芝径云堤》诗云：“命匠先开芝径堤，随山依水揉幅奇。”此堤实有管理山庄湖区各处风景之妙。

（三）锤峰落照

位于避暑山庄南部松鹤清樾北山峰顶，是“康熙三十六景”第十二景。为一方亭。每当夕阳西照，漫天红紫。此时，东山的磬锤峰金碧辉煌，宏伟壮丽。康熙、乾隆、嘉庆曾在近黄昏时率文武百官及少数民族王公贵族，登亭举行蒙古风味的野宴，并观看磬锤峰落日余晖下的雄奇俊秀的景象。此亭与“北枕双峰”“南山积雪”“四面云山”三亭均位于山庄岗峦之巅，遥相呼应。

（四）水流云在

位于芳渚清流之北，与烟雨楼隔湖相望。为“康熙三十六景”最后一景。是一座重檐四角攒顶、四面出卷棚式抱厦的敞亭。此亭形制独具一格：主亭为方亭，四面加突出的附间。题额由唐代大诗人杜甫诗“水流心不竞，云在意俱迟”而来。此亭位于内湖与澄湖相交处，流水与浮云相映成趣，动静变化妙不可言。

（五）万树园

万树园在避暑山庄平原区东北部。北倚山麓，南临澄湖，占地 870 亩。有乾隆帝御书“万树园”碣，为“乾隆三十六景”第二十景，这里绿草如茵，古木蓊郁，今南部尚有乾隆手书《绿毯八韵》诗碑一座。园内不施土木，原西北当年有二十八架蒙古包，现复建为蒙古包度假村，乾隆帝曾在此接见杜尔伯特蒙古首领三车凌、土尔扈特蒙古首领渥巴锡及西藏活佛班禅六世等。还在此接见英国特使马戛尔尼以及缅甸、越南、朝鲜、老挝等国使节，并宴请听乐等，有《万树园赐宴图》等画传世。有塞外游牧之风。

（六）如意湖亭

与环壁隔水相望，建于如意湖西岸，因而得名如意湖亭。这是一座“十”字形小亭，乾隆定为第四景。

（七）芳渚清流

自如意湖亭北行，滨湖有一座重檐方形亭，建在天然石崖，即为芳渚清流。光滑圆润的山岩，系武烈河水千万年冲刷而成。亭子四面临水，十里塞湖，皆倒映入清流之中；岸上树木丛生，芳草如织，亦为“康熙三十六景”之第二十七景。

（八）澹泊敬诚殿

进入内午门，迎面便是进深三间、面阔七间古朴端庄的大殿——澹泊敬诚殿。因用楠木建造，俗称楠木殿，康熙五十年（1711 年）初建，乾隆十九年（1754 年）改建。大殿面积 612 平方米。殿式为卷棚歇山顶，墙体的屋面皆用青砖、灰瓦，梁柱、隔扇、天花板均为本色楠木。周廊及室内地面为天然紫豆瓣大理石铺砌。四周 48 根楠木大柱，经烫腊后色泽沉黄发亮。整个殿宇在满院苍松映衬下，庄重巍峨，清幽典雅，古朴无华。大殿的隔扇门心和殿内 735 块天花板心，饰以万字、蝙蝠、寿桃等浮雕，图案精美，刻艺高超，是文物珍品。楠木不仅质地坚实，色泽古朴，还能散发一种淡淡的清香，阴雨天，香气更郁。楠木产于川贵，如此遥远运到承德，更显得高贵和神秘。

澹泊敬诚殿檐下，悬有三块深雕金漆云龙匾，为乾隆皇帝退位当太上皇时写景抒怀之作，字迹流畅，十分醒目。值得注意的是，三首诗流露出乾隆帝晚年因白莲教农民起义而产生的不安和忧虑，反映了清朝统治在乾隆末期以后由盛而衰的趋势。

澹泊敬诚殿内正上方匾额书写“澹泊敬诚”四个大字。“澹泊”，源于《易经》，“不烦不扰，澹泊不失”。诸葛亮在《诫子书》中说：“非澹泊无以明志，非宁静无以致远。”康熙皇帝非常欣赏这两句话，以“澹泊敬诚”来律己并教训

子孙，作为治国之道。

今天，根据清朝陈设档案，殿内复原了宝座、屏风及各种精美古朴的陈设。宝座后屏风雕刻《耕织图》，描绘水乡种稻和丝织生产的情景，有从事耕织的人物共 163 人。殿内东、西两侧的北山墙装有楠木书隔、布帘遮档，曾存放《古今图书集成》一万卷。殿外东西各有朝房五间及方形乐亭两座。

（九）四知书屋

四知书屋，在承德避暑山庄澹泊敬诚殿后。是一座五间大殿，康熙帝曾题名“依清旷”，乾隆五十一年（1786 年）又增题“四知书屋”。四知取《周易·系辞》“君子知微、知彰、知柔、知刚，万夫之望”之意。乾隆皇帝对此话十分赞赏，因为恰好表达了他刚柔相济、恩威并施的统治策略。周有回廊，曲折叠绕，使庭园清幽，诗意盎然。这里是清帝召见朝臣及各族王公，处理军国要务及举行大典前后更衣休息之处。据载，清帝在此召见了喀尔喀蒙古的哲布尊丹巴呼图克图一世、三世、四世，班禅六世，土尔扈特汗渥巴锡等。

（十）勤政殿

福寿阁北是勤政殿，面阔五楹，进深两间，殿内面南悬“正大光明”匾，面北悬“高明博厚”匾，是皇帝接见群臣、发布政令的地方，殿前有东、西配殿各三楹。

六、外八庙

（一）起源

“外八庙”实际上并不只八座庙，原有寺庙十二座，自西而东依次是：罗汉堂（大部分已毁）、广安寺（大部分已毁）、殊像寺、普陀宗乘之庙、须弥福寿之庙、普宁寺、普佑寺（大部分已毁）、广缘寺及避暑山庄以东的武烈河东岸有四座，自北而南依次是：安远庙、普乐寺、溥仁寺、溥善寺（已毁）。由于当年有八座寺庙由清政府理藩院管理，于北京喇嘛印务处注册，并在北京设有常驻喇嘛的“办事处”，又都在古北口外，故统称“外八庙”（即口外八庙之意）。久而久之，“外八庙”便成为这十二座寺庙的代称。其中最具有观赏价值的是普宁寺和普陀宗乘之庙。

清朝初年，中国藏传佛教在我国蒙、藏地区（包括青海、新疆）势力强大，教徒信仰虔诚，佛经教义是蒙、藏人民的精神支柱。藏传佛教上层人物在政治上有效地控制着地方政权，经济上汇聚着大量财富，文化上掌握着经堂教院。清政府为加强对北疆的统治，巩固国家统一，对边疆各少数民族实行“怀柔”政策。“怀柔”政策的一个重要内容就是对蒙、藏民族采取“因其教不易其俗”“以习俗为治”的方针。乾隆说：“兴黄教，即所以安众蒙古，所系非小，故不可不保护之。”反映了清统治者以顺应少数民族习俗，尊重蒙、藏上层人物宗教信仰，来实现密切地方和中央政府的关系，巩固国家统一的战略思想。

避暑山庄自康熙四十七年（1708年）驻跸使用以后，皇帝每年秋季前后均要在此长期停住，消夏避暑，处理军政要务。由此而来的大批蒙、藏等少数民族首领和外国使臣，每年都要到承德谒见皇帝，参加庆典。借此，清廷便在承德大兴土木，在避暑山庄周围依照西藏等地喇嘛教寺庙的形式修建喇嘛教

寺庙群，供西方、北方少数民族的上层政教人物朝觐皇帝时礼佛之用，功能上同避暑山庄相辅相成，互为补遗。从某种意义上说，避暑山庄是皇帝为自己建的，而这十二座庙宇主要是为别人修的。

（二）建造过程

从康熙五十年（1711 年）开始到道光八年（1828 年），清廷在今承德市市区及滦河镇一带敕建寺庙 43 座。近年来，文物古建专家一般将避暑山庄内外由皇帝敕建的这 43 座寺庙（外八庙 12 座，山庄内 16 座，狮子园 2 座，滦河镇 2 座，山庄外东、南 8 座，狮子沟、上二道河子、河东各 1 座）称之为外八庙寺庙群。其中，由朝廷直接管理的有 30 座，避暑山庄内有 16 座：珠源寺、梅檀林、汇万总春之庙、水月奄、碧峰寺、鹭云寺、斗姥阁、广元宫、永佑寺、同福寺、仙苑昭灵（山神庙）、法林寺、灵泽龙王法、西峪龙王庙、涌翠岩、上帝阁。山庄西部（今滦河镇）2 座：穹览寺、琳霄观。山庄东北部 12 座：溥仁寺、溥善寺、普宁寺、普佑寺、安远庙、普乐寺、普陀宗乘之庙、广安寺、殊像寺、罗汉堂、须弥福寿之庙、广缘寺。其中，罗汉堂、广安寺、普乐寺 3 座庙，朝廷“向未安设喇嘛”，由内务府管理；而溥仁寺、溥善寺、安远庙、广缘寺、普佑寺、普宁寺、须弥福寿之庙、普陀宗乘之庙、殊像寺 9 座庙设 8 个管理机构（普佑寺附属于普宁寺），由朝廷派驻喇嘛，京师理藩院管理并逐月按人数由理藩院发放饷银，清正史文献将这 9 座寺庙称为“外庙”，后俗称外八庙或热河喇嘛庙。

按时间排列，首先营建的是溥仁寺和溥善寺（已毁）。这两座寺院建于康熙五十二年（1713 年），是蒙古诸部王公为庆祝康熙皇帝六十寿辰请旨建造的。普宁寺建于乾隆二十年（1755 年），是为纪念平定厄鲁特蒙古准噶尔部族首领噶尔丹煽动的武装叛乱而建造的。普宁寺分前后两部分，前部为一般汉族寺庙形式，后部是以大乘阁为中心的一组建筑群。大乘阁内供奉千手千眼观音立像，高二十多米，是中国现存最大的木雕像。乾隆二十五年，在普宁寺旁增建普佑寺。乾隆二十九年建安远庙，俗称伊犁庙，是为新疆达什达瓦部两千余众迁居热河后提供参拜之所而建。此庙有三层墙廊围绕，中为普渡殿，有三重檐，黑

色琉璃瓦顶。乾隆三十一年建普乐寺以纪念土尔扈特、左右哈萨克、布鲁特等族归顺清朝。寺后部是一座“坛城”，下为两层石台，台上建立重檐攒尖圆殿，称旭光阁，阁内安放一座立体坛城模型。乾隆三十二年建普陀宗乘之庙，作为庆祝乾隆皇帝六十寿辰时蒙古和土尔扈特王公进贡朝贺之所，俗称“小布达拉宫”，西藏达赖喇嘛到热河觐见时多居此处。普陀宗乘之庙仿藏式建筑修造，依山就势，自由布置了众多的红白台和塔门，最后为高 25 米的大红台。乾隆三十七年建广安寺（已毁）。乾隆三十九年建殊像寺，寺的布局仿照五台山殊像寺。同年又仿浙江海宁安国寺的形制建罗汉堂（已毁）。最后于乾隆四十五年建须弥福寿之庙，由于西藏班禅喇嘛到热河祝贺乾隆七十寿辰，特建此庙作为班禅行宫。庙中有大红台建于中部山上，北部建有一座汉族建筑式样的八角琉璃万寿塔。

（三）建筑类型

庙宇按照建筑风格分为汉式寺庙和汉藏结合式寺庙。这些庙宇融和了汉、藏等民族建筑艺术的精华，多利用向阳山坡层层修建，主要殿堂耸立突出，气势宏伟，极具皇家风范。外八庙，是中国现存最大的皇家寺庙群。

1. 汉式寺庙

是以汉族传统宫殿、府邸建筑格局为主的寺庙建筑，包括溥仁寺、溥善寺、殊像寺、罗汉堂和广缘寺。溥仁寺平面呈长方形，四进院落，占地面积为 3.42 万平方米，造寺共用白银 10 万两。寺内十八尊罗汉采用中国塑像艺术中最高超的夹纻工艺制作而成。殊像寺占地面积 2.62 万平方米，主殿后方又叠纵规模宏大的假山，院中植以苍松翠柏，呈现出宗教气氛和园林艺术巧妙结合的独特风格。罗汉堂占地面积 1.2 万平方米，供有三世佛和 508 尊罗汉造像。广缘寺是一座由喇嘛为表示对皇帝的敬诚之意，个人出资建造的寺庙。

2. 藏式寺庙

周围寺庙中的庙宇大多受到藏式寺庙不同程度的影响，其中普陀宗乘之庙、须弥福寿之

庙和广安寺三庙在主体上属于藏式风格。普陀宗乘之庙于乾隆三十二年至乾隆三十六年（1767–1771 年）建造，占地 22 万平方米。大量平顶碉楼式白台随山势呈纵深自由布局，没有明显的中轴线。体量巨大、气势磅礴的大红台，是普陀宗乘之庙的主体建筑。分上下两部分，下有巨大白台为基座，平面约 1 万平方米，高近 43 米，下用花岗岩条石砌筑，上部以砖砌筑。万法归一殿位于大红台的中部，殿四周有 44 间群楼成回字形围绕，是举行重大宗教仪式、进行政治和宗教活动的场所。须弥福寿之庙系为迎接西藏六世班禅到来而建，占地面积 4.78 万平方米。主体建筑妙高庄严殿镏金鱼鳞铜瓦覆顶，脊上八条欲飞的铜龙，每条重一吨以上，构成了建筑史上的一大奇观。广安寺占地面积 1 万平方米，为佛教徒举行受戒仪式的场所，乾隆皇帝曾在此接受章嘉活佛为他举行的受戒仪式。

3. 汉藏结合式寺庙

汉藏结合是周围寺庙建筑最为鲜明的特色。普宁寺、普佑寺、安远庙、普乐寺四座寺庙则是这种汉藏结合式建筑的代表。这些寺庙一般采取前部为汉式建筑形制，后部为藏式建筑形制。普乐寺建造于乾隆三十一年（1766 年），占地面积 2.17 万平方米，其主体建筑旭光阁，内用十二根金柱分内外两层支撑重圆顶，在殿内中央的圆形石须弥座上建有中国最大的立体“曼陀罗”模型，其间是藏传佛教密宗中一种最高级的修观本尊佛——上乐王佛。这一佛像的铸造工艺和力学原理运用都达到了极其完美的程度。普宁寺系乾隆皇帝为庆祝平定准噶尔达瓦齐叛乱的胜利而建，占地面积 4.88 万平方米，大乘之阁为全寺主体建筑，殿内墙壁佛龛供无量寿佛 10090 尊，中间矗立着现在世界上最大的木雕金漆佛像千手千眼观世音菩萨，通高 22.28 米，腰围 15 米，重达 110 吨，用木材 120 立方米。与普宁寺为邻的普佑寺，建于乾隆二十五年（1760 年），占地 0.66 万平方米。这里是研习佛教理论的经学院。安远庙是为安抚从新疆伊犁河畔迁居承德的厄鲁特蒙古达什达瓦部，并褒奖其在平定边疆叛乱过程中立下的功绩而建造的。占地面积 2.8 万平方米，主体建筑普渡殿采用蒙古寺庙的建筑形制，殿内供奉观世音菩萨的女身像——渡母，四壁满绘重彩壁画。

这些庙宇的规模、位置、形制都是由皇帝钦定的，它们的匾额、碑文均由

皇帝题写，对僧众瞻礼有严格的规定，这在中国寺庙史上是绝无仅有的。

（四）建筑风格

对于避暑山庄和“外八庙”，从外形上看，避暑山庄内建筑无论是庄严肃穆的皇家宫殿，还是游玩欣赏的亭、轩、榭、阁，一律采用青砖灰瓦，显示出一种古朴自然的风格；而在其周围建造的“外八庙”，则采用彩色的琉璃瓦，有的甚至用镏金鱼鳞瓦覆顶，远远望去，巍峨壮观，金碧辉煌，一派富丽堂皇的景象，这与古朴典雅的避暑山庄形成鲜明的对比。在此，不难看出，清代康乾二帝之良苦用心。

多数寺院建筑依山建造，在布局上运用了一些特殊手法。例如将轴线对称式和自由式布局结合在一起，巧妙利用地形来解决平面高差问题，叠置人工假山来增加空间趣味等。在平面比例关系上多次运用相似比例图形和矩形的构图，以获得和谐感。特别是普宁寺的后半部布局是一组包括大乘阁、喇嘛塔、小型殿台等 19 座建筑的群体，组成以建筑物来体现的佛教“坛城”，运用象征手法表达出佛经上的天国世界。这种布局在中国建筑史上是少见的。

外八庙中的主殿有好几座采用多层楼阁建筑，如普宁寺大乘阁，安远庙普渡殿、须弥福寿之庙的妙高庄严殿、普乐寺旭光阁等，都是体形庞大的中空式建筑，最高的大乘阁高达 39.16 米。这些实例反映了中国古代工匠运用合理的构架形式和木材帮拼方法建造高层木结构房屋的技术水平，在中国建筑技术史上占有重要地位。

清帝兴建寺庙，是为了顺应蒙、藏等少数民族信奉喇嘛教的习俗，“因其教而不易其俗”，通过“深仁厚泽”来“柔远能迩”，以达到清王朝“合内外之心，成巩固之业”的政治目的。例如普宁寺仿西藏扎囊桑耶寺，安远庙仿新疆伊犁固尔扎庙，普陀宗乘之庙仿拉萨布达拉宫，须弥福寿之庙仿日喀则扎什伦布寺等。这些寺庙的建筑形制不仅应用了琉璃瓦顶、方亭、牌楼、彩画等汉族建筑传统手法，同时也应用了红白高

台、群楼、梯形窗、喇嘛塔、镏金铜瓦等藏族、蒙古族的建筑手法，建筑形式别具一格。它从一个侧面反映出清代鼎盛时期加强民族团结、抗击外来侵略的历史。

（五）外八庙景点

外八庙是不同地域、不同民族建筑艺术大融合的一个典范之作。这些建筑艺术形象既反映了民族团结，又起到了民族间建筑文化交流的作用。山庄周围寺庙，环山庄半圆建成，呈众星捧月之势，政治寓意十分明确。从收效看也确实是“一座喇嘛庙，胜抵十万兵”。

1. 普宁寺

位于承德市避暑山庄之东北部，建于清乾隆二十年至二十三年（1755–1758年），占地33000平方米。因寺内有木雕大佛，俗称大佛寺。这是一座融汉藏建筑风格为一体的寺庙。其前部依汉传佛教传统的“伽蓝七堂”方式布置，主殿大雄宝殿内供奉三世佛，后半部建在九米多高的台基上。此寺仿西藏三摩耶庙形式而建，按佛教教义关于世界构造的模型布局，中央的大乘阁象征须弥山，四周的殿宇象征“九山八海”，具有鲜明的藏族建筑特点，也体现了藏传佛教对宇宙的理解。

清乾隆二十年五月，清政府派班第为大将，出兵讨伐厄鲁特蒙古准噶尔部的反动头目达瓦齐叛乱。清军直达新疆的伊犁，达瓦齐闻讯逃到天山之南，被维吾尔族首领霍集斯擒获，压解到清军营内。准噶尔部另一个反动首领阿睦尔撒纳在霍集斯擒住达瓦齐后仍继续叛乱，并勾结沙皇俄国等外部势力，当遭到强大的清军攻击后，阿睦尔撒纳兵败逃亡俄国。两股叛乱军队被剿灭后，乾隆为了纪念两次平叛的胜利，在承德避暑山庄为厄鲁特四部（准噶尔、杜尔伯特、和硕特和土尔扈特）上层贵族设宴封爵，因为清王朝政府信奉藏传佛教，故仿西藏桑耶寺，在山庄北部修建了清王朝第一座皇家寺庙——普宁寺，即希望全国各民族“安其居，乐其业，永远普宁”。

普宁寺的主要建筑有钟鼓楼、碑亭、天王殿、大雄宝殿、大乘阁等。然其

精华部分在主体建筑大乘之阁，大乘阁高 36.75 米，外观六层重檐。而大乘之阁的精华部分又在于它所供奉的千手千眼观世音菩萨。这尊佛像高 27.21 米，用松柏榆杉椴五种木材雕成。其中须弥底座高为 1.22 米。须弥底座上莲花底座至无量光佛顶部高度为 22.29 米，底下 3.7 米。大佛腰围 15 米，重量为 110 吨，仅头部就重达 5.4 吨，经过整体维修后，更具宗教艺术的魅力，其文物价值和艺术价值堪称世界之最，是目前世界上最大的木雕佛像，已载入吉尼斯世界纪录。佛像两侧有善财、龙女侍立，造型圆润。阁两侧有妙严室和讲经堂，分别是清帝听经和休憩之所。

普宁寺巧借自然，因山就势，丰富了寺庙建筑布局的传统方式。寺内嶙峋的山石、苍翠的古松，犹如天然画屏，烘托着金碧辉煌的殿阁，气宇轩昂，蔚为壮观，显示出君临天下的皇家风范。

普宁寺是中国北方最大的藏传佛教活动场所。在清代，每年的腊月二十五至二十七日、正月初八至十五日，普宁寺都要举办庙会，外八庙的喇嘛齐集于此，有佛教法舞表演，前来赏玩的远近乡民络绎不绝。同时也是举世闻名的旅游胜地。1961 年普宁寺被列为全国重点文物保护单位，1985 年被国务院宗教局批准为宗教活动场所，1994 年被载入世界文化遗产名录。

2. 普乐寺

普乐寺位于避暑山庄东北部，俗称圆亭子。建于清乾隆三十一年（1766 年），占地面积 24000 平方米。

普乐寺的修建主要是供来避暑山庄朝觐清帝的哈萨克、维吾尔、柯尔克孜等西北各少数民族王公贵族瞻礼之用，是清朝政府利用宗教政策团结边疆少数民族，加强其封建统治的活动场所。乾隆皇帝题名“普乐”则是由范仲淹《岳阳楼记》中的名句“先天下之忧而忧，后天下之乐而乐”引申而来，有“普天同乐”之意。

全寺建筑为汉藏结合式，西部依照汉族寺庙样式由山门、天王殿、钟鼓楼、配殿、宗印殿、正殿等组成。天王殿面阔五间，殿脊用卷草琉璃瓦，中置三座琉璃喇嘛塔。殿内供四大天王、弥勒和韦陀像。宗印殿面阔七间，屋脊装饰色彩缤纷的琉璃件，以数条

绿琉璃云龙贯空，当中置琉璃塔，塔两侧镶嵌吉祥八宝浮雕。宗印殿正中供三方佛，即东为药师琉璃佛，中为释迦牟尼佛，西为阿弥陀佛。三佛背光上饰有大鹏金翅鸟浮雕；两侧供八大菩萨，右是文殊、金刚手、观世音、地藏王；左是普贤、弥勒、虚空藏、除盖障。宗印殿两侧左方是慧力殿，右边是胜因殿，两殿内供金刚佛。

东部为藏式建筑。主体建筑旭光阁，重檐圆顶，类似北京天坛祈年殿，阁内须弥座上置大型曼陀罗模型，由 37 块木料组合而成。“37”表示释迦牟尼 37 种学问。曼陀罗上供双身立姿铜质佛像一尊，呈男女合抱之状，俗称“欢喜佛”。男像为上乐王佛（即胜乐王佛、欢喜佛），是大日如来的法身，像正面对磬锤峰，代表“智慧”，女像明妃（即佛母），遥对永佑寺舍利塔，代表“禅定”，此是佛教密宗最高修炼形式，是原始生殖崇拜意识的形态反映。阁内顶部置圆形藻井，龙凤图案，龙凤藻井中心雕金龙戏珠。藻井采用层层收缩的三层重翘重昂九踩斗拱手法，雕工精细，金光闪闪，具有极高的艺术价值。

3. 溥善寺

建于康熙五十二年（1713 年），系中原佛教显宗建筑风格，主要建筑有山门、钟楼、鼓楼、天王殿、佛楼及配殿，占地面积 27500 平方米。溥善寺是康熙皇帝六十大寿，应蒙古各部首领祝寿所请而建。庙内供奉的无量寿佛做工最为精湛。其中佛楼一层设有宝座，是皇帝接受诵经祝寿的地方。另设坛座是喇嘛讲经之所。佛楼二层收藏经卷。现仅存部分基址和两棵古松。建筑毁于 20 世纪 20 年代汤玉麟统治热河时期。

4. 溥仁寺

建于康熙五十二年（1713 年），是现存唯一的康熙时期兴建的寺庙。这一年是康熙皇帝（玄烨）的六十寿辰，“众蒙古部落，咸圣阙廷，奉行朝贺，不谋同辞，具疏陈恳，愿建刹宇，为朕祝厘”，借寓施仁政于远荒之意，取名“溥仁”。是清政府在平定了准噶尔部葛尔丹的叛乱后，康熙皇帝为了巩固边疆，加强对厄鲁特、喀尔喀等蒙古地区的行政管理，加强中央政府与蒙古各部的联系而兴建的。具体措施如庙内碑文中说：“念热河之地，为中外之交，朕驻跸清暑，岁以为常，而诸藩来觐，瞻礼亦便。”故此在各蒙古王公贵族前来祝寿之际，以蒙古王公为康熙帝“万寿节”祝福为由，兴建此庙。

溥仁寺占地面积32500平方米，有建筑十五座，解放前多已毁坏。溥仁寺建筑形制为汉族庙宇的“伽蓝七堂”式，四周有护墙环。山门内主轴线上布置主殿三座：天王殿、慈云普阴殿、宝相长新殿。天王殿内供佛像六尊：笑容可掬的弥勒佛、肃穆庄重的韦陀天将和慈容凶相的四大天王。慈云普阴殿，单檐歇山顶，描金彩绘，雕梁画栋，光彩夺目。殿内供过去佛迦叶佛，现在佛释迦牟尼佛、未来佛弥勒佛。释迦佛两侧为其两大弟子迦叶和阿难。东西坛上供姿态各异的十八罗汉。天花板上有“唵、嘛、呢、叭、咪、吽”密宗六字真言。宝相长新殿，单檐硬山布瓦顶，檐柱描金彩绘。内供九尊无量寿佛，即阿弥陀佛。他是西方极乐世界的教主。极乐世界有品位九等，每品有一尊佛。佛两侧侍立八大菩萨。

如今，各殿和庙院全部恢复原状，整个建筑为纯汉族形式，最后一组院落用来专供无量寿佛，具有明显的祝寿特点。建筑的布局，寺内的佛教艺术品及碑刻文物，对进一步研究清朝的政治、经济及佛教艺术的发展，都有很高的历史价值。

5. 普佑寺

建于乾隆二十五年（1760年），适逢乾隆皇帝五十大寿、皇太后七十大寿喜庆之年，又值清军平定西北边疆叛乱。普佑寺系外八庙喇嘛的经学院（扎仓），分为显宗、密宗、医学、历算四大部。住寺僧众除正常的佛事活动外，还在此修习显宗教教义、密宗教教义、藏医学、天文历算及律仪等。

普佑寺占地面积9000平方米，坐北面南，布局呈长方形。平面布局打破了传统的“伽蓝七堂”的汉式手法，天王殿居中，前建佛堂，后又增添了凹形经楼，使其前后形成二层院落，布局十分严谨。殿内供奉的佛像，也与其他寺庙不同，有汉式的，也有藏式的，是外八庙中别具一格的庙宇。

当年寺内主要建筑有山门、大方广殿、天王殿、法轮殿、经楼、顺山房等。1937年，侵华日军将罗汉堂五百罗汉迁移至此。1964年，普佑寺不幸遇雷击起火，主体建筑法轮殿及其他部分建筑毁于火灾，五百罗汉也仅幸存178尊。经

过整修的普佑寺，已于 1996 年 6 月 27 日正式向游人开放。2006 年 5 月 25 日，普佑寺作为清代古建筑，被国务院批准列入第六批全国重点文物保护单位。

6. 普陀宗乘之庙

“普陀宗乘”是藏语“布达拉宫”的汉译，即“普陀洛伽”——观世音菩萨的道场。普陀宗乘之庙的建筑形式、布局是仿照西藏拉萨市布达拉宫建的，无明显中轴线，俗称小布达拉宫。其建于乾隆三十二年（1767 年）至乾隆三十六年（1771 年），占地 220000 平方米，是外八庙中规模最大的一座庙宇。当时，蒙古、新疆、青海等地各少数民族首领聚集避暑山庄，参加乾隆皇帝的六十寿辰和皇太后八十寿辰的万寿庆典，乾隆皇帝命仿照西藏佛教的中心——拉萨布达拉宫，兴建了普陀宗乘之庙以示纪念。此庙落成时，从伏尔加河流域率众返回祖国的土尔扈特部首领渥巴锡，来承德朝见乾隆皇帝，为了纪念土尔扈特蒙古回归祖国的英雄壮举，乾隆皇帝亲笔御书了《土尔扈特全部归顺记》和《优恤土尔扈特部众记》，刻巨石立碑于庙内。

这座寺庙内大小建筑约六十处，殿堂楼宇，星罗棋布，依山面水，巧于利用地势和景物衬托，布局灵活，又不失庄严肃穆。全寺平面布局分前、后两部分：前部位于山坡，由白台、山门、碑亭等建筑组成；后部位于山巅，布置大红台和房堡。按特征可分三部分：第一部分由山门、碑亭、五塔门、琉璃牌坊组成；第二部分是白台群，由若干大小白台组成；第三部分为大红台。白台群呈“×”形，上拱大红台，下围山门、碑亭、五塔和牌坊，这种建筑布局为外八庙也是中国寺庙建筑所独有。

此寺的主体建筑是大红台，通高 43 米，台中央万法归一殿是主殿，仅此一项造价即是黄金万两。万法归一殿殿顶高出群楼，金光闪烁，富丽堂皇，极其雄伟壮观。底部因三层群楼合围，影调阴暗，光照对比鲜明，造成了宗教森严肃穆的气氛，是内地宗教建筑的瑰宝。此殿是全庙举行集会和庆典活动的场所，每年七月十一日在殿内举行佛教学位考试。腊月二十七、正月十四在此举办送祟活动，全体喇嘛在此念经，驱除妖魔祈求太平。清代，内外蒙古千里迢迢进此庙上香求佛者络绎不绝。乾隆三十六年（1771 年），弘历曾在此殿接见万里

回归的土尔扈特首领渥巴锡一行，并举行了大型讲经祝寿活动。

近年来，在大红台上的“御座楼”隆重推出了民族宗教歌舞《普陀之光》，它通过提炼寺庙落成、皇帝庆寿和土尔扈特部回归等重大事件，用歌舞形式表现出“康乾盛世”时中华民族强大的向心力和凝聚力，以及创建太平盛世繁荣中华这一全国各族人民共同的宏愿。总之，普陀宗乘之庙古木参天，环境清幽，景致殊佳，是游外八庙时不可错过的一处景点。

7. 须弥福寿之庙

“须弥福寿”是藏语“扎什伦布”的汉译，即吉祥的须弥山。此庙建于乾隆四十五年（1780 年），占地面积 37900 平方米，建筑布局依山就势，分前后两部分，它吸取了汉藏民族的建筑艺术风格。前部是石桥、石狮、山门、碑亭、琉璃牌坊等，中部以大红台为中心，后部有班禅六世及其弟子的住处“万法宗源殿”等，最后是万寿塔。

乾隆四十五年（1780 年），西藏六世班禅为庆贺乾隆帝七十大寿，长途跋涉两万余里前往承德。乾隆帝十分重视，为隆重迎接六世班禅的到来，特建须弥福寿之庙供六世班禅讲经和居住，所以，此庙又称“班禅行宫”。“须弥山”，藏语名“扎什”；“福寿”，藏语名“伦布”。须弥福寿意思是像吉祥的须弥山那样多福多寿。

妙高庄严殿巍居风格独特的大红台正中，高 29 米，一通到底，殿顶镏金铜瓦用 15429 两黄金镏成。脊上八条金龙，每条用铜一吨，四上四下，似腾云驾雾，为稀世瑰宝。殿内第一层供的是释迦牟尼像和黄教创始人宗喀巴像，其东为六世班禅诵经的宝座。第二层供的是释迦牟尼及其两位弟子迦叶、阿难。第三层则是三尊金刚像，即大威德金刚、密集金刚和胜乐金刚。

八角七层的万寿塔是全寺最高点。塔身用绿色琉璃砖砌成，塔顶用黄色琉璃瓦铺覆，七层象征乾隆帝七旬大寿。它背负青山，直指苍天，宏伟壮丽。

8. 安远庙

建于乾隆二十九年（1764 年），其建筑形式是仿新疆伊犁河畔的“固尔扎庙”，又称“伊犁庙”。乾隆二十二年（1757 年），由于当时阿睦尔撒纳的叛乱，达什达瓦寡妻

冲破阻挠，历尽千辛万苦，举部投归清政府。乾隆皇帝为了安抚达什达瓦部落，将他们迁徙到承德定居，并在驻地山冈上建安远庙，寓意安定远方，团结边疆各民族，巩固北部边防，维护国家统一。安远庙落成后，不仅成为达什达瓦部众进行宗教活动的场所，也是清王朝用来团结边疆各少数民族的政治活动场所。安远庙占地 26000 平方米，其建筑布局整齐对称，中轴线分明，以山门、碑亭、普渡殿、后山门为主体建筑，进入山门，有一片空地，是当年达什达瓦部众举行“跳步踏”的场所。主殿普渡殿，殿顶全部覆盖黑色琉璃瓦，形式独特，具有蒙古喇嘛寺庙中传统的都纲（讲经堂）法式，布局严整。

9. 殊像寺

此寺俗称乾隆家庙，建于 1774 年，占地面积 23000 平方米。1761 年，乾隆帝同他母亲钮钴禄氏去山西五台山朝拜进香时，见到五台山殊像寺塑有文殊菩萨，回到北京后特在香山静宜园仿殊像寺建“宝相寺”，以供奉文殊菩萨。后在 1774 年夏季于避暑山庄以北普陀宗乘之庙以西，按照五台山殊像寺、香山宝相寺形制造了承德殊像寺。

殊像寺内的喇嘛均为满族，供奉的主神为文殊菩萨，当时民间认为乾隆皇帝是文殊菩萨转世，所以该寺又有“乾隆家庙”之称。全寺分前后两部分，前部主要由山门、钟鼓楼、天王殿、会乘殿等组成，其中，会乘殿是寺内主殿，殿内供观世音、文殊、普贤三菩萨，像前左右置三层楠木佛龛，两侧各一座楠木万寿塔，内供无量寿佛。后殿主要由宝相阁、清凉楼、香林室和配殿等组成，宝相阁内原有木雕骑狮的文殊菩萨像，阁名是乾隆帝御笔亲题。殿阁外还堆砌有别致的假山，可沿小道迂回而上。

此庙布局完全按照汉族传统佛寺制度，规整严谨。在庙后布涵洞假山，山巅上原建八角亭“宝相寺”，两侧又有精致小巧的僧房院落，使整组建筑极富园林气氛。作为皇家御用寺庙，寺内主要设满族喇嘛，从事翻译《满文大藏经》的工作。

七、相关资料

（一）承德避暑山庄与外八庙相关传说

1. 烟雨楼传说

在避暑山庄湖区的中央，有一座楼阁，名叫烟雨楼。

据说，当年乾隆皇帝在避暑山庄游湖，午后喝了一些酒便在游船上睡着了。突然，他感觉到自己面前有一个月亮形的门，于是便走了进去，只见一个婷婷玉立的美人斜倚着栏杆，独自凭栏远眺。乾隆大喜，惊叹美人的沉鱼落雁之貌。美人见面前的这位公子气度不凡，心中也有好感。于是两人便好了起来……

就在这时，游船晃动了一下，乾隆醒了，他发觉这只是一个梦，但是梦中的人和景是那么的真实。第二天，乾隆又去游湖，喝了一些酒后又睡着了，又梦见了自己面前有一个月亮门，里面有一个美人……就这样，一连七天，乾隆都做了同样的梦，梦见了同样的人。但是第八天之后，他怎么也做不到这个梦了。乾隆思念这个美人，给她取名为吉拉。吉拉是满语，是非常美丽的意思。

时间并没有消减乾隆对吉拉的思念，他发誓一定要找到吉拉。由于月亮门里山清水秀，一派江南景色，于是乾隆来到了南方。但几个月下来，一直无果。有一天，乾隆进了一家绣坊，里面挂着一幅绣品，乾隆抬头一看，不禁又惊又喜。这绣的正是一个月亮门，门里站着自己日思夜想的恋人。乾隆忙去打听绣品上所绣之人的下落。这时，从内屋出来一个少妇，她说，如果乾隆能说出所绣之人的名字，便告诉他她的去向。乾隆想都没想，便说出吉拉的名字。少妇大惊，说出了原委。原来，有一个道人为吉拉看相，说她的夫君是一个远方来的客人，能说出她的名字，于是吉拉的姐姐便绣了这幅绣品，等候这位贵客的到来。

乾隆带着吉拉回到了宫中。此后，每次到避暑山庄时都带着她，并在山庄里为她修建了烟雨楼。

乾隆封吉拉为妃子，吉拉所受到的

宠爱是宫中任何佳丽都无法比拟的，不可避免地招来了许多嫉恨。可偏偏吉拉又恃宠而骄，修改了乾隆已批好的奏折，加之众妃的谗言，乾隆一怒之下把吉拉打入了冷宫。其实乾隆也并非冷落她，只不过想挫挫她的锐气，可谁知吉拉性子极其倔强，打入冷宫后不吃不喝，三天后便死了。

乾隆悔恨万分，可红颜已逝，一切晚矣。

2. 热河化兵传说

历史上的热河（承德）城，因为没有动过刀

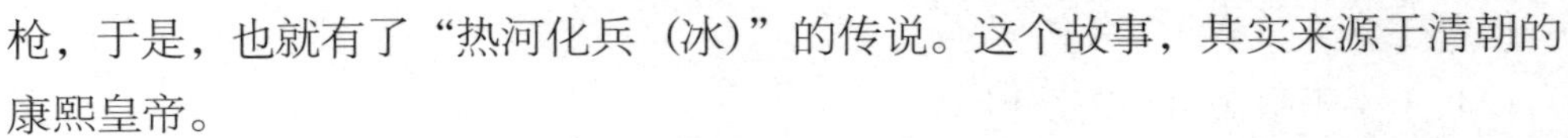

枪，于是，也就有了“热河化兵（冰）”的传说。这个故事，其实来源于清朝的康熙皇帝。

当初未建避暑山庄时，有位叫蔡元的总兵上书皇帝，请求朝廷拨款重修长城，以巩固边防。康熙很明确地表示不同意，他认为一个国家要想太平，关键在于上下一心，众志成城。不然的话，就算把边墙修得再高大再坚固，人家还是照样可以打进来！前明朝就是一个现成的例子。

康熙心想：你们不就是害怕来自北方和其他地方少数民族的袭扰吗？那好，我就在塞外建一个大山庄，把各民族的首领都请来，在这个凉快的地方像亲戚一样走动，和他们一起打猎，一起饮宴，一起娱乐。

于是，康熙真就在热河建起了避暑山庄及外八庙。结果，各少数民族不仅不再和清朝交战，反而和清军一起反击沙俄之类的外来侵略。

可见，康熙的见解的确很高明。

3. 承德茶枕传说

传说当年香妃离开乾隆皇帝后，乾隆夙夜想念，日不思饭，夜不安寝，加之国事操劳，搞得堂堂皇帝日渐憔悴，疲惫不堪。尤其让乾隆痛苦的是，由于独自伏案时间过长，颈椎经常疼痛难忍，颈部僵硬，活动受限，感觉迟钝，甚至有时还眩晕耳鸣，视物不清。宫内御医用尽各种方法，皆束手无策，紫禁城内气氛低沉。

时值盛夏，乾隆在刘墉、纪晓岚等大臣的劝说下来到承德（当时名为热河）避暑养神。乾隆到承德时，蒙古佛教首领章嘉国师和哲布尊丹巴呼图克图活佛接驾后拜见了乾隆皇帝，酷爱佛学的乾隆与活佛畅谈后以福建当年新鲜贡茶相

赠。七日后，乾隆起驾普宁寺，活佛向乾隆献上一小枕，曰："前几日见皇上面容憔悴，似有疾在颈，牵动周身，致使气血不通，阴阳不调。今臣借花献佛，以七日前皇上所赠之茶，经热河特殊气候调配，制成一枕，恳请皇上一用。"乾隆见此枕小巧玲珑，闻之有淡淡幽香，靠之与颈部相吻，遂在普宁寺倚枕静坐，顿感颈部舒适，周身放松，并时有丝丝茶香入鼻，于不知不觉中进入梦乡。一觉醒来，已过了四个时辰，醒后乾隆顿感神清气爽，浑身舒泰，领鬓上还飘有淡淡清香，且感腹中饥渴，食欲旺盛，即令摆膳，与活佛共餐。

此后，乾隆常用此小枕，颈疾从未再犯，小枕发出的阵阵幽香还仿佛香妃常伴身边，令乾隆自此精神振奋，全身心投入到国事之中，成为了名垂青史的一代君王。

4. 千手千眼观世音菩萨传说

供奉在普宁寺大乘阁内的千手千眼观世音菩萨，是目前世界上最大的木雕佛像，已载入吉尼斯世界纪录。在她的身上有许多美妙的传说。

一说是清乾隆年间，皇帝的女儿受奸臣隆科多的陷害被砍掉了一只胳膊，死后成了佛，皇帝思女心切，拜谒成了佛的女儿，说了一句愿意让佛成为全手全眼佛，结果成了千手千眼佛。

另一说是迦叶时期，须弥山西面有一个兴林国，妙庄国王有一个三女儿叫妙善，不肯出嫁。19 岁到白雀寺出家，国王不同意但也没有办法，就派人烧了寺庙。妙善双膝跪地，向天祈祷，霎时间，红雨天降，火被熄灭，妙庄王闻后大怒，派官将其押回处斩，突然一只斑斓猛虎将妙善叼走。九年后，国王重病，危在旦夕，妙善化做一老僧，把自己的一双眼睛挖出和药，救了国王。国王被感化，让出王位，携全家出家修行。如来佛祖知道此事，就授妙善千手千眼，妙善就此成佛。

5. 普乐寺的由来

话说乾隆年间，西藏活佛章嘉应邀来到承德朝拜乾隆皇帝。

一天早晨，乾隆伴其在山庄内登高望远，活佛举目环顾四周，突然发现，东面的磬锤峰的山势，在晨曦的衬托下，活脱脱地勾勒出一副相向平卧山顶、

双脚相抵的裸体男女人形。一下惊得说不出话来。见状，乾隆忙问何故?

在活佛的指点下，乾隆也惊奇地发现，那挺立在磬锤峰顶的那个“石棒槌”，恰似平卧男人的阳具，天衣无缝，妙趣横生。而相向平卧的女人山形，连那对高耸的乳房也活灵活现。不由得暗暗称奇!

活佛说，这是难得一见的天地交合，阴阳合欢之象。遂奏请乾隆帝，依山建立一座寺庙，供奉藏佛教修炼密宗独有的“欢喜佛”。以遂天皇地母之愿，保子孙万代延绵不绝，乾隆当即采纳。命立即大兴土木，破土动工。并取范仲淹《岳阳楼记》中的“先天下之忧而忧，后天下之乐而乐”的诗句，演化出普天同乐之意。钦定该寺庙为“普乐寺”。

（二）土特产品

在山庄内外各旅游定点商店，可以买到蘑菇、大扁（杏仁）、榛子等地方特产，以及避暑山庄丝织挂锦、木雕、玉器、根雕、核皮工艺品、滕氏布糊画等具有地方特色的旅游纪念品。

1. 避暑山庄丝织挂锦

挂锦采用我国传统的“中堂画”表现形式，在淡黄色或浅灰色的缎面上，绘出一组组避暑山庄特有的山水园林建筑，亭台楼阁、山泉林瀑一应俱全。

图案色彩典雅清新，运用了宫廷画中典型的工笔写实手法，有鲜明的地域特征和民族风格。

2. 木雕

木雕是承德有名的工艺品，以承德山区特有的名贵木材为原料，制成手杖、家具或其他工艺品，并在上面雕刻出极具特色的图案。

承德手杖以山核桃壳和山城珍木“明开夜合木”为原料，山核桃壳是承德山区的一种土特产品，外壳质地坚硬，纹理清晰。“明开夜合木”是一种罕见的珍贵木料，它只生长在承德山区和避暑山庄内，木质洁白无瑕，细腻如玉，

外观有如象牙一般。由这两种原料一同组成的手杖的杖柄上，还雕有承德名胜景物及蟠龙等图案，是走亲访友的上佳礼品。

此外，以“明开夜合木”为原料雕成的挂屏、座屏、插屏等，以及以本地的花榆木疙瘩、楸木、杏木为原料，雕制成的炕桌、圆桌、八仙桌、案几等，也都是承德木雕的代表。

3. 滕氏布糊画

这是我国著名民间艺术家滕腾先生发明的新画种，它集绘画、雕塑、刺绣、裱糊、剪纸等工艺之大成，用料讲究、色彩绚丽、做工细腻、画面逼真、取材新颖、适于珍藏。可谓是我国民间艺术的一朵奇葩，现已成为河北省最具实力的旅游产品。

布糊画的设计制作匠心独运，它在中国传统画的基础上，又加上了民间剪纸、刺绣、雕塑等创作技法。作品内容以人物花鸟、亭台楼阁为主，用料讲究、色彩绚丽，楼阁线条清晰多变，兼具西方油画效果，形成自己的独特风格。每一幅布糊画作品都是具有极高的装饰价值和收藏价值的艺术珍品。

“滕氏布糊画”目前有四大类百余个品种的高档艺术品和装饰品。其代表作有“龙凤壁”“天下第一布糊寺”“凤凰宝相瓶”“大威德怖畏金刚”等。

4. 北山大扁杏

大扁杏圆形的杏仁扁平肥大，营养丰富，含有大量的脂肪、蛋白质、糖分以及人体所需要的磷、钙、钾、铁等物质。既可生食，亦可制成杏仁霜、杏仁露等多种风味独特的食品和饮料。大扁杏仁的出油率为50%，不仅是优良食用油，也可用作精密仪器和军事工业所需的高级润滑油和涂锈剂，还可做生产化妆用品及高级油漆的原料。

大扁杏品质优良，仁肉兼用，它的果肉可制成杏干、杏脯、杏酱和杏罐头，也可用来造酒或制醋。常食杏干可以防癌。

5. 榛子

榛子是承德特产之一。榛子本身富含油脂，使所含的脂溶性维生素更易为人体所吸收，对体弱、病后虚羸、易饥饿的人都有很好的补养作用。它的维生素 E 含量

高达 36%，能有效地延缓衰老、防治血管硬化、润泽肌肤。榛子里包含抗癌化学成分紫杉酚，它是红豆杉醇中的活跃成分，这种药可以治疗卵巢癌和乳腺癌以及其他一些癌症，可延长病人的生命期。中医认为，榛子有补脾胃、益气力、明目健行的功效，并对消渴、盗汗、夜尿频多等肺肾不足之症颇有益处。

（三）避暑山庄申请吉尼斯世界纪录

据统计，截至 2009 年 6 月，承德避暑山庄累计接待游客已突破 13 亿人次。据此，承德市文物局正式就“避暑山庄及周边寺庙”作为东方文化最大的文物载体和东方文化最大的传播基地，两项世界之最，向吉尼斯世界纪录发出申请。

世界遗产委员会对承德避暑山庄的评语是：“建筑风格各异的庙宇和皇家园林同周围的湖泊、牧场和森林巧妙地融为一体。避暑山庄不仅具有极高的美学研究价值，而且还保留着中国封建社会发展末期罕见的历史遗迹，集东方文化之大成。”与此同时，避暑山庄也在积极进行知识产权保护工作，目前全国有二十个左右以避暑山庄命名的景点，承德市文物局准备向这些“山寨避暑山庄”进行接洽维权。

（四）避暑山庄的碑刻文化及其历史价值

凡名胜古迹，多有碑刻。避暑山庄是清代皇家园林，现已成为中外驰名的游览胜地。它面积广大，地形复杂，山岳、平原、湖泊，应有尽有。建于其间的楼、台、殿、阁、亭、榭、堤、桥比比皆是。在宫庙殿宇之旁，山光水色之中，多有古碑石刻，它们或大或小，或横置或竖放，给古朴、幽美的避暑山庄增添了许多雅趣。历史上称皇帝题写的碑刻为御碑。据有关文献记载，避暑山庄内原有御碑二十多座，另在石山上刻字五处。二十多座御碑中，有两座是清圣祖玄烨时期所立，其他都是清高宗弘历时期立的。现在保存下来的有十一座，

其中九座比较完好，上面都是弘历的手笔。

1. 山庄现存御碑的概况

避暑山庄现存十一座御碑。从形制上分，有三座碑的高度小于宽度，呈卧式，所以俗称其为卧碑，它们分别是：绿毯八韵碑、古栎歌碑和林下戏题碑。其他八座均为竖碑，它们分别是文津阁碑、月台碑、锤峰落照碑，登高碑、永佑寺碑（二座）、避暑山庄后序碑和舍利塔碑。

从内容上分，有的为诗碑，有的为文碑。诗碑多是皇帝的写景抒怀之作，描写了当时的景物，反映了作者的心情。文碑多是叙述某建筑物的建造原因和经过以及有关的事件。就文字上说，多用汉文书写，也有的兼用满、汉两种文字，还有的满、汉、蒙、藏四种文字并用，这正是我国多民族大家庭的历史见证。

从美术角度看，碑首、碑趺上都有雕刻，有龙、有凤、有鹿、有鹤，花草树木相错，各色人物齐全，刻工精细，栩栩如生，是极好的工艺美术佳作。就书法来看，字迹端庄秀丽，笔锋遒劲有力，许多人为能够得到一张拓片而欢欣鼓舞。这些御碑在风景如画、文物古迹遍地的避暑山庄内，并不十分引人注目，但它们却和那些匾额、楹联一样，是这座皇家苑囿中不可缺少的一部分，它既能起到画龙点睛、情景交融的作用，使古建、园林更富诗情画意，又是“金石补史”的宝贵资料，还是难得的艺术珍品，所以历来被文人学士所重视。

2. 山庄现存御碑简介

（1）绿毯八韵碑

绿毯八韵碑坐落在澄湖的北岸、万树园的南端。通高 254 厘米，其中碑首高 74 厘米，碑趺高 82 厘米，碑身高 98 厘米，碑身宽 198 厘米，厚 40 厘米。面南额首上雕刻着祝寿图，碑趺上有八仙。其人物雕刻得情状飘逸，神态潇洒，眉眼传神，口鼻有情，颇有呼之欲应、煽之欲动之势。面北额首上雕刻的蝙蝠翔姿逼真，碑趺上雕刻的麋鹿悠然自若。碑上的整个图案象征着福、禄、寿。碑身面南镌刻七言诗《绿毯八韵》一首，面北镌刻五言诗《平旦》一首。字迹清秀，都是乾隆四十六年六月乾隆皇帝

所作。前一首赞美这里土肥草丰，同时标榜自己节用爱民、与民同乐的“俭德”。后一首则着力描绘山庄的平旦：清晨，金色的太阳升起，空气清爽新鲜，露珠晶莹，草木泛香，鸟雀高歌，鹿兔徜徉。诗中还描写乾隆皇帝自己，虽年过古稀，仍身体康健，整日孜孜不倦，处理朝政。

（2）舍利塔碑

在永佑寺舍利塔后屹立着舍利塔碑。此碑通高574厘米，其中碑首、碑趺各高137厘米，碑身高300厘米，碑身宽174厘米，厚77厘米，碑首、碑趺各宽206厘米，厚109厘米。面南镌刻弘历御制《永佑寺舍利塔记》，面北镌刻御制《避暑山庄百韵诗序》。

高耸入云的舍利塔为避暑山庄增添了光彩，它将更有效地起到团结厄鲁特蒙古等少数民族的作用。

（3）文津阁碑

文津阁碑坐落在文津阁东的碑亭中，现在碑亭已经无存，高大的石碑却还巍然地矗立在方形的台基上。此碑通高532厘米，其中碑首、碑趺各高120厘米，宽138厘米，厚58厘米。碑首、碑趺和碑身周边雕刻着精美的蟠螭纹和雷纹图案。正面，用汉、满两种文字镌刻着弘历于乾隆三十九年（1774年）撰写的《文津阁记》，它记述了营造文津阁的目的和意义。文津阁和北京旧紫禁城的文渊阁、圆明园的文源阁和沈阳故宫的文溯阁一样，是专贮《四库全书》的，而《四库全书》又为居于“塞外伊古荒略之地”的热河增添了文采，使之更加“地灵境胜”。

（4）登高碑

登高碑现倒在锤峰落照亭西南的草莽中，已十分残破。碑身高约二米，宽约一米。仰面镌刻七言诗一首，此诗共二十四句，落款有“辛丑九月九日登高”字样。辛丑即乾隆四十六年（1781年）。这首诗是弘历于乾隆四十六年九月九日登高时所作。他在诗中描绘了登高所见到的景色，抒发了自己的感受，并从天高、地高、君高、名高、言高、曲高、堂高七个方面阐明了“高”与“下”的辩证关系。

（5）锤峰落照碑

锤峰落照碑现倒在锤峰落照亭东的尘埃中，已经残破不堪。从残存的部分观察，其碑首雕刻着两只凤凰。碑身仰面有五言诗一首，共十六句，落款有“乾隆甲戌年大暑”字样。乾隆甲戌年是乾隆十九年（1754年）。诗中描绘了傍晚时分，弘历登锤峰落照亭观赏磬锤峰的情景。那时，夕阳西下，残阳如血，太阳的余晖照在东边山上，使高高耸立的磬锤峰沐浴其中，十分迷人。

（6）月台碑

在巍巍的文津阁前，隔水池是嶙峋的假山，假山东部有个长宽不足丈的矩形平台，台中竖着一座石碑，此即月台碑。这座碑通高212厘米，其中碑首、碑趺各高46厘米，碑首、碑身、碑趺分别宽116、77、90厘米，碑首、碑趺各厚52厘米，碑身厚38厘米。碑首前后和碑趺四面雕刻着活泼的夔龙图案，其龙头形象逼真，龙身、龙尾自然而又丰满，碑身西面镌刻“月台”两个大字，其他三面分别镌刻弘历的三首诗。

（7）永佑寺碑

永佑寺在避暑山庄万树园的东部，建于乾隆十六年（1751年）。前殿丹墀上列石碑两座，此即永佑寺碑。两座石碑形制、尺寸完全相同，仅碑身高298厘米，宽158厘米，厚70厘米。碑首由四条蟠龙组成。碑身周边雕刻着十四条龙纹图案。中间恭镌御制《永佑寺碑文》，东边一座前为满文，后为蒙文；西边一座前为汉文，后为藏文。现在，永佑寺除后边的舍利塔外，其他建筑都已无存，两座石碑还很完整。

（8）古栎歌碑

古栎歌碑在碧峰门的北边。它坐北朝南，通高254厘米，其中碑首高74厘米，碑趺高82厘米，碑身高98厘米，碑身宽198厘米，厚40厘米。面南额首和碑趺上都雕刻着人物，达19人之多。虽然已经辨不清面目，但从残留部分也可以看出，他们神情姿态各异，惟妙惟肖。面北额首上雕刻着祥云飞鹤，碑趺上雕刻着水波鱼龙，十分生动。此碑碑身的前后左右及碑首、碑趺的东侧共有八首诗，除碑趺东侧的《林下一首》为嘉庆颙琰所题，其他都是弘历的手笔。

（9）避暑山庄后序碑

避暑山庄后序碑原坐落在永佑寺宝轮殿之前，碑身高256厘米，宽116厘

米，厚58厘米。碑首为一条蟠龙。碑首、碑身和碑趺全由汉白玉石雕刻而成，是山庄诸碑刻中仅有者。

《避暑山庄后序》是弘历于乾隆四十七年（1782年）七月下旬撰写的，文中叙述了其祖父康熙皇帝玄烨和他自己建造、经营避暑山庄的目的及意义在于习武、诘戎、绥远。说明他的父亲雍正皇帝胤禛在位十三年，虽然未来山庄，但对山庄及木兰围场是很重视的，他常教诲他的后人要“习武木兰，毋忘祖宗家法”。最后，弘历告诫其子孙，避暑山庄虽美，但万万不可沉溺于享乐，而要牢牢记住先帝的遗愿。

（10）林下戏题碑

林下戏题碑掩映在松云峡苍蔚的松林之中。通高254厘米，其中碑首高74厘米，碑趺82厘米，碑身高98厘米，碑身宽198厘米，厚40厘米。碑的额首上雕刻着流云飞鹤，碑趺雕刻着水波鱼龙。碑身前后左右、碑首和碑趺西侧共有诗七首，其中六首为弘历所题，另一首是嘉庆帝颙琰补题的。这七首诗写于清乾隆四十年到嘉庆十一年（1775-1806年）之间，历时三十一年。

碑的北面，有一条用条石铺砌的御道，直通山庄的西北门。当年弘历常顺此御道出山庄，到坐落在山庄北面的须弥福寿、普陀宗乘、殊像寺、罗汉堂等庙去拈香拜佛。銮舆过此，经常要停在树下休息，饱览山中风景，吟诗作赋。

3. 山庄现存御碑的历史价值

避暑山庄的碑刻虽仅有二百多年的历史，其中的诗、文从文字角度看，并不算美，有的甚至显得有些蹩脚，但从历史角度看，却有着很高的史料价值。

（1）有的碑文极形象、生动地再现了避暑山庄当年的自然风貌，为研究避暑山庄提供了丰富的史料。如《绿毯八韵》诗，描绘了万树园南端草地的风貌。《林下戏题》《古栎歌》和《山中》等诗又告诉我们：那里有劲松，有古栎，它们生长得高大、茂盛，“与云霞护鹿豕游，凤为羽仪龙作骨”。

（2）有的碑文反映了当年皇帝的生活与思想，因此，它们是沉默的历史见证者。作为封建皇帝的弘历，时刻不忘享乐，在若大的避暑山庄里，他尽情地消遣，时而游湖泛舟，时而漫步草地，时而登高赏景，诗词歌赋，舞文弄墨。

在这之中，他的思想感情尽情流露。《古栎歌》《锤峰落照》诗反映了他思想中某些辩证的因素，《林下戏题》反映了他既要执政，又渴望安逸的矛盾心情。

(3) 有的碑文反映了某些古建、园林的营造情况及其特点，是研究山庄古建、园林不可多得的辅助材料。《舍利塔记》记叙了建塔时几拆几易的过程。月台碑上的几首诗告诉我们，文津阁不仅仅是仿照范钦的天一阁而建，还融汇了米芾宝晋斋的意境。这是从别的地方难以找到的资料。

(4) 有的碑文反映了一些具体事件，比如文津阁是为贮放《四库全书》而建的。

(5) 有的碑文反映了清王朝的兴衰历史。比如林下戏题碑上的几首诗，跨越了从乾隆四十年到嘉庆三年共二十三年时间，这正是清王朝由盛而衰的阶段，作者虽是当“林下人”而抒发自己的感情，但字里行间却流露出白莲教农民起义给统治者带来的忧虑和恐惧，从而揭示了清王朝走向没落的必然趋势。

综上所述，避暑山庄的碑刻虽然不过是封建皇帝舞文弄墨的产物，但却有其独特的历史价值。因此，它们是研究避暑山庄和有关历史的宝贵资料，必须加强保护和研究。

（五）承德避暑山庄的抢救与维护

1. 措施与计划

(1) 建立和健全管理机构

1949 年即建立了热河省古文物保管所。1954 年，成立热河省文物管理委员会。1961 年，成立避暑山庄博物馆。1975 年，成立承德市文物事业管理局（1985 年改称文物园林管理局），统一管理避暑山庄及周围寺庙。1991 年，经国家民政部批准，成立了全国性社团组织“中国避暑山庄外八庙保护协会”。

(2) 制定一系列法律、法规

1953 年，中央政府文化部发出《关于保护热河承德古建筑及文物的通知》。1961 年，国务院将避暑山庄及周围寺庙中的普宁寺、普乐

寺、普陀宗乘之庙、须弥福寿之庙列为第一批全国重点文物保护单位。1982年，又将其列入全国44个风景名胜保护区之一。全国人大常委会、国务院、国家建设部、河北省政府先后颁布了《中华人民共和国文物保护法》《文物保护法实施细则》《风景名胜区管理暂行条例》《河北省文物保护管理条例》等法律、法规。河北省政府颁布的《河北省国家级、省级文物保护单位保护范围及建设控制地带》中明确规定了避暑山庄及周围寺庙的保护范围。承德市人民政府两次颁布《关于加强对避暑山庄外八庙管理的通告》，对加强管理工作做出了具体规定。

（3）制定可行规划，积极抢救维修

1976年国务院批准实施第一个《避暑山庄外八庙十年整修规划》，1986年开始实施第二个十年整修规划。两个规划明确了抢救、整修的保护原则，国家和地方政府相继投资一亿多元人民币，直接用于古建维修和园林整治，并投入大量资金用以改善保护区周围环境。

（4）加强保护区环境的综合治理

在保护范围内，停建、拆除了一批有碍文物景观的现代建筑，严格禁止开山、打石、取土、砍伐、放牧等。在严格封山育林、禁止砍伐林木的基础上，积极绿化保护区周围荒山荒坡，增加植被。1949年到1992年共栽植树木1500万株，使城市绿化覆盖率达46%。同时，还在流经市区的武烈河上，营建了两道橡胶坝，蓄水量达26万平方米，改善了生态环境。

改善大气环境，降低烟尘排放量。推行小区联片采暖，建设集中供热工程。

2. 保护历程记

从1976年开始，承德市对避暑山庄实施了五次大规模的非文物建筑拆迁工程。

第一期是将山庄内的单位和居民迁出。

第二期是在申报世界遗产期间，拆除非文物建筑约20000平方米。

第三期是1999年山庄东路的拆迁。一次性拆除了山庄宫墙外围非文物建筑2.3万平方米，搬迁155户居民和15个单位。

第四期是 2000 年到 2001 年对丽正门到德汇门之间进行拆迁改造，对小溪沟武庙地段、马市街地段、粮市北山地段、于家沟小区地段等五片大规模拆迁改造。

第五期是 2002 年对山庄办公楼、动物园、离宫宾馆、古建楼 25000 平方米进行拆除，拔掉烟囱 69 根，搬迁 5 个单位，33 个住户。

1994 年避暑山庄及周围寺庙被列入世界遗产名录，这对避暑山庄和外八庙的保护工作提出了更高的要求。2003 年 7 月 18 日河北省第十届人民代表大会常务委员会第四次会议通过《承德避暑山庄及周围寺庙保护管理条例》。

2003 年，承德市以避暑山庄肇建三百年为契机，对其进行了一次大规模保护性抢修和油饰保养。钟楼、澹泊敬诚殿、四知书屋、烟波致爽殿、云山胜地等景观已经恢复了康乾盛世时的原有风貌。涌翠岩古建维修完工，听瀑、观瀑、瀑源及山间的笠云等数座小亭共同构造成极富诗意的小型园林式庭院。

随着这些工程的完工，历史上康乾七十二景已经恢复了五十六景，而望源亭、晴碧亭、水心榭牌楼等康乾七十二景之外的二十处文物古迹也已恢复原貌。

3. 成果

（1）重现当年的山形水系

在历史上，避暑山庄有“山庄以山为名，而胜趣实在水”的说法。也就是说，水景才是避暑山庄里最动人的地方，也是山庄内众多园林景观的灵魂主线和生命源泉。据记载，山庄里的湖区原本由八大湖泊构成，分别是镜湖、银湖、上湖、下湖、如意湖、澄湖、内湖、半月湖，而湖水的来源则由三个部分组成：山庄外武烈河的河水、山庄内的泉水以及自然降雨。武烈河水从山庄的北面进入山庄内部，流经八个湖泊，又从南面流回到武烈河。但是，大约在一百五十年前，由于常年不进行疏通，山庄里原来的引水系统渐渐被淤塞了，山庄的湖区由活水变成了死水，最后造成了内湖和半月湖两个湖泊也被埋没在了地下。

为了恢复避暑山庄原有的引水系统，2002 年 4 月开始实施山庄的引水工程。整个工程耗时一年，共

清挖水系 2152 延长米，挖掘面积达 13 万平方米，挖掉了 5 座障景的土山，恢复了 42 亩湖面，不仅把失去的内湖和半月湖重新找了回来，而且还复原了当年“乾隆射箭图”中描绘过的山庄的历史风貌：从万寿园望去可以一眼看见所有的沿线风景。避暑山庄内部的山形水系基本上恢复到了康乾盛世时的模样。

(2) 康乾七十二景恢复五十六景

2002 年，承德市投入 3000 万元对避暑山庄和外八庙的古建筑群进行了复原和维修工作，著名的康乾七十二景自然是其中的重中之重。

此次工程，康乾七十二景一共复原了十五景。其中康熙三十六景复原了八处，包括澄波叠翠、泉源石壁、松鹤清樾、风泉清听、香远益清、云容水态、石矶观鱼、远近泉声；乾隆三十六景复原了七处，分别是涌翠岩、驯鹿坡、试马埭、万树园、知鱼矶、青雀坊、般若相。自此除了山区之外，避暑山庄平原和湖区部分的景点基本上都被复原了。加上原来保存的景点，整个康乾七十二景恢复到了五十六景。

除此之外，避暑山庄和外八庙还复原了望源亭、依绿斋、普陀宗乘之庙（小布达拉宫）的千佛阁、须弥福寿之庙（班禅行宫）的西侧驮包房围墙等二十多处景点和旷观桥等四座古桥。此外，维修的古建筑更是达到六十三项之多，正宫区组群、普陀宗乘之庙的大红台等著名建筑都得到了妥善的维修和保养。